Schriftenreihe des Behinderten-Sportverbandes NW
Behinderte machen Sport
Band 8

Kauer / Bös

Behindertensport
in den Medien

Meyer & Meyer Verlag

Die Deutsche Bibliothek – CIP-Einheitsaufnahme

Kauer, Oliver:
Behindertensport in den Medien /
Oliver Kauer/Klaus Bös.
– Aachen : Meyer & Meyer, 1998
(Behinderte machen Sport ; Bd. 8)
ISBN 3-89124-508-4

Alle Rechte, insbesondere das Recht der Vervielfältigung und Verbreitung sowie das Recht der Übersetzungen, vorbehalten. Kein Teil des Werkes darf in irgendeiner Form – durch Fotokopie, Mikrofilm oder ein anderes Verfahren – ohne schriftliche Genehmigung des Verlages reproduziert oder unter Verwendung elektronischer Systeme verarbeitet, gespeichert, vervielfältigt oder verbreitet werden.

© 1998 by Meyer & Meyer Verlag, Aachen (Germany),
Olten (CH), Wien, Oxford,
Québec, Lansing/ Michigan, Adelaide, Auckland, Johannisburg
e-mail: verlag@meyer-meyer-sports.com
http://www.meyer-meyer-sports.com

Schriftleitung: Prof. Dr. Volker Scheid
Fotos: Oliver Kauer
Titelfoto: Bongarts Sportfotografie GmbH, Hamburg
Entwurf Titelseite: Tacke – Neumann & Partner
Umschlagbelichtung: frw, Reiner Wahlen, Aachen
Druck: Druckerei Hahnengress, Aachen
Printed in Germany
ISBN 3-89124-508-4

Schriftenreihe des Behinderten-Sportverbandes NW
Behinderte machen Sport
Band 8

Kauer / Bös
Behindertensport in den Medien

Inhalt

Vorwort		**9**
Einleitung		**10**
1	**Die Medien und der Behindertensport**	**12**
1.1	Die Problematik	12
1.1.1	Ausgangssituation	12
1.1.2	Die defizitäre Berichterstattung	18
1.1.2.1	Quantitative Aspekte	18
1.1.2.2	Qualitative Aspekte	22
1.1.3	Entwicklungen des Sportjournalismus	24
1.2	Ursachenanalyse	28
1.2.1	Einstellungen zu Behinderten	28
1.2.2	Determinanten der Einstellungen	32
1.2.3	Erklärungsansätze zur Frage der sozialen Reaktion	34
1.2.4	Mangelnde Information der Medien	37
1.2.5	Vielfalt der Schadensklassen	38
1.2.6	Selektionsprozesse der Medien	39
2	**Die Untersuchung**	**45**
2.1	Ziele und Fragestellungen	46
2.2	Methodik und Stichproben	50
2.2.1	Vorgehensweise	50
2.2.1.1	Sportjournalisten-Untersuchung	51
2.2.1.2	Rezipienten-Untersuchung	53

2.2.2	Stichproben	55
2.2.2.1	Stichprobenerhebung	55
2.2.2.2	Stichprobenbeschreibung	56
2.2.3	Die Ergebnisse der Grundfragestellungen	58
2.2.4	Methodische Probleme	59
2.2.4.1	Soziale Erwünschtheit	59
2.2.4.2	Einschränkungen der Validität	62
2.3	Charakteristische Merkmale der Berichterstattung – 4 Hypothesen	63
2.4	Die Einstellungs-Facetten	67
2.4.1	Fremdartigkeit	67
2.4.2	Unsicherheit	70
2.4.3	Die Last der Verantwortung	73
2.4.4	Die Tendenz zur Vermeidung der Begegnung	75
2.4.5	Bagatellisierung des Problems	78
2.4.6	Die unpersönliche Hilfe	81
2.4.7	Mitleid	83
2.4.8	Das eigene Engagement	86
2.4.9	Weitere Untersuchungen	88
2.4.9.1	Vergleich der Einstellungen von Sportjournalisten und Rezipienten	88
2.4.9.2	Der Einfluss der demographischen Daten	89
2.5	Diskussion und Folgerungen	90

3	**Paralympics 1996 in Atlanta und die Medien**	**100**
3.1	Einleitung	100
3.2	Die Berichterstattung in Zahlen	101
3.3	Stimmen	103
3.3.1	Sportler	104

3.3.2	Funktionäre	115
3.3.3	Journalisten	121
3.4	Bewertung	124

4 Leitfaden: Öffentlichkeitsarbeit für Behindertensportvereine 127

4.1	Öffentlichkeitsarbeit als zentrale Aufgabe des Vereinsmanagements	127
4.2	Öffentlichkeitsarbeit planen	130
4.2.1	Die Zielgruppe definieren	131
4.2.2	Das Image analysieren	134
4.2.3	Die bisherige Kommunikation analysieren	134
4.2.4	Problemfelder und Ziele der Öffentlichkeitsarbeit definieren	135
4.2.5	Maßnahmen bestimmen	136
4.3	Standards der Pressearbeit	138
4.3.1	Wen wie erreichen?	138
4.3.2	Der Presseverteiler	139
4.3.3	Wie hat eine Pressemitteilung auszusehen?	141
4.3.4	Für die Pressemitteilung texten	144
4.3.4.1	Die richtigen Worte schreiben	144
4.3.4.2	Die richtigen Sätze	147
4.3.4.3	Der richtige Inhalt	148
4.3.5	Pressekonferenzen	153
4.4	Behindertensport und Presse	154

5 Resümee 160

6 Literatur 170

7	**Anhang**	**177**
7.1	Häufigkeitsverteilung der Items, die zur Bildung der sieben Einstellungs-Facetten verwendet wurden	177
7.2	Zur Facettenbildung	177
7.3	Die Auswahl der Facetten-Items und die Ergebnisse der nicht zur Facettenbildung benutzten Items	178
7.4	Fachzeitschriften	184
7.5	Fragebögen	185

Vorwort

Der Behindertensport findet in der Öffentlichkeit immer mehr Beachtung und Anerkennung. Erheblichen Anteil an dieser positiven Entwicklung hat eine verstärkte Medienberichterstattung zum Thema „Behindertensport". Die Autoren des Bandes 8 der BSNW-Schriftenreihe haben Qualität und Umfang von Berichterstattung in den letzten Jahren analysiert und zeigen uns mit ihren Ausführungen Ergebnisse auf, die dem organisierten Behindertensport sowohl auf der Bundes-, Landes- als auch Vereinsebene wertvolle Tips liefern, wie eine Sicherung und Ausweitung der Präsenz des Behindertensports in Zeiten ständig wachsender Informations- und Kommunikationssysteme gesichert werden kann. Den Autoren ist es überdies gelungen, insbesondere für die Vereinsführungen, ableitend aus den Untersuchungen, Hilfen zur Verbesserung der Presse- und Öffentlichkeitsarbeit vor Ort zu erstellen.

Mit einem Dank an die Autoren empfehle ich den Lesern von Band 8, sich die Ergebnisse zum Thema „Behindertensport in den Medien" zur Weiterentwicklung des Behindertensports in der Bundesrepublik Deutschland zu eigen zu machen.

Theodor Zühlsdorf
Vorsitzender
Behinderten-Sportverband Nordrhein-Westfalen e.V. (BSNW)

Einleitung

Der Titel dieses Buchs ist mit Absicht weit gefaßt: „Behindertensport in den Medien". Viele Umstände beeinflussen die Berichterstattung über den Behindertensport, und es mangelt – abgesehen von Inhaltsanalysen, welche die Berichterstattung nur beschreiben – an wissenschaftlichen Untersuchungen. Uns war deshalb wichtig, sich gerade mit folgender Frage auseinanderzusetzen: Weshalb wird so berichtet?

„Behindertensport in den Medien" versucht zum einen wissenschaftlich zu hinterfragen, weshalb Medien seltener und anders über den Sport behinderter Menschen berichten. Dazu wurde von uns am Institut für Sportwissenschaften der Johann-Wolfgang-Goethe Universität in Frankfurt am Main 1994 eine entsprechende empirische Studie erstellt. Methodik und Ergebnisse dieser ersten wissenschaftlichen Arbeit in Deutschland zu den Einflußfaktoren der Berichterstattung über Behindertensport finden sich in Kapitel 2. Gleichwohl erachteten wir es als eine vordringliche Aufgabe, zuvor die Situation der Behindertensportberichterstattung in Deutschland umfassend darzulegen (Kapitel 1).

Kapitel 3 beschäftigt sich mit den Paralympischen Spielen 1996 in Atlanta, die den jüngsten Höhepunkt der Berichterstattung über Behindertensport markierten. Neben Zahlen und Fakten zur Berichterstattung schildern hier Sportler, Offizielle und Journalisten ihre persönlichen Erfahrungen und Ansichten zum Thema.

Kapitel 4 ist in erster Linie ein Serviceteil. Da die Öffentlichkeitsarbeit im System des Behindertensports oft noch relativ unprofessionell erfolgt, haben wir einen „Leitfaden: Öffentlichkeitsarbeit für Behindertensportvereine" erstellt. Dieser praxisorientierte Führer erläutert in verständlicher Weise die Standards der Pressearbeit. Er soll die Arbeit im täglichen Umgang mit den Medien erleichtern und damit Kommunikationserfolge wahrscheinlicher machen. Kapitel 5 schließlich

Einleitung   11

fasst noch einmal zusammen und diskutiert die Perspektiven für den Behindertensport in den Medien.

„Behindertensport in den Medien" ist somit kein in sich einheitliches Buch geworden. Es spricht den Pressewart eines Vereins genauso an wie den Journalisten, den Sportler ebenso wie den am Sport interessierten Menschen. Die folgende Übersicht soll daher den Umgang mit diesem Buch erleichtern und jeden Interessierten auf dem besten Weg durch die Kapitel führen. Die Rangfolge (1 bis 5) zeigt die von uns empfohlene Lesefolge der Kapitel für die jeweilige Zielgruppe.

Kapitel Zielgruppe	I	II	III	IV	V
Pressewart	1	5	3	2	4
Sportinteressierter	1	4	2	5	3
Wissenschaftler	1	2	3	5	4
Journalist	1	3	2	5	4
Sportler	1	5	2	4	3

Kapitel: I: Die Medien und der Behindertensport, II: Die Untersuchung, III: Paralympics 1996 in Atlanta und die Medien, IV: Leitfaden: Öffentlichkeitsarbeit für Behindertensportvereine, V: Zusammenfassung und Ausblick.

Wir möchten an dieser Stelle all denen danken, die mitgeholfen haben, dieses Buch zu realisieren: Miriam Berk, Gunther Belitz, Stefan Höhle, Jutta Ulmer, der Otto Bock Firmengruppe für die freundliche Überlassung von Fotomaterial und ganz besonders Nadja Schott für ihr Engagement bei der statistischen Auswertung.

Frankfurt am Main, im Januar 1998   *Oliver Kauer* und *Klaus Bös*

1 Die Medien und der Behindertensport

Im ersten Kapitel:

Behinderte Sportlerinnen und Sportler kritisieren, wie Medien über sie berichten. Die Vorwürfe: Redaktionen widmen sich ihnen zu selten und immer wieder wird die Behinderung in den Vordergrund gestellt. Dabei begreifen die Sportlerinnen und Sportler ihr Handikap nicht als soziales Stigma, sondern lediglich als physischen Funktionsverlust.

Gerade im kommerziellen und unterhaltenden Fernsehsport gelten Behinderte als „Quotenkiller". Die TV-Berichterstattung über wichtige nationale und internationale Ereignisse im Behindertensport fehlt weitgehend. Nur die Paralympics stellen inzwischen eine Ausnahme dar.

Im wesentlichen scheinen drei Faktoren die Berichterstattung zu hemmen: die Einstellungen von Journalisten und Rezipienten, die mangelnde Information der Medien und die Vielfalt der Schadensklassen.

1.1 Die Problematik

1.1.1 Ausgangssituation

Zum zweitgrößten Ereignis im Weltsport trafen sich im August 1996 in Atlanta/USA mehr als 3.200 Sportlerinnen und Sportler aus über 100 Nationen. In 17 Sportarten zeigten Amputierte, Querschnittsgelähmte, Spastiker und Blinde bei den Paralympics wieder einmal, daß sie Athletinnen und Athleten erster Klasse sind. Wenn ein Behinderter auf einem Bein zwei Meter hoch springt, den Diskus fünfzig Meter weit segeln läßt, oder der 100-m-Sprint mit zwei Prothesen in elf Sekunden absolviert wird, erkennt auch der Laie, daß es sich dabei um absolute Topleistungen handelt.

Seit den fünfziger Jahren gibt es organisierten Behindertensport in der Bundesrepublik, wobei es sich lange Zeit vor allem um spielerische Bewegungsübungen im geselligen Kreis kriegsversehrter Sportkameraden handelte. Von den Medien wurde dieser sogenannte Versehrtensport höchstens ab und an im Sozialressort der Tageszeitung betrachtet. Erst seit Beginn der achtziger Jahre deutet sich der moderne Behindertensport stärker in der Öffentlichkeit an. Einerseits als Rehabilitations- bzw. Integrationssport, andererseits als Spitzensport[1]. Gerade der Leistungssport von Menschen mit einem körperlichen Funktionsverlust hat sich in den vergangenen Jahren rasend entwickelt und wird alle vier Jahre von den Paralympics gekrönt, die sich als Großereignis unmittelbar nach den Olympischen Spielen inzwischen fest positioniert haben. 1960 wurden die Weltspiele der Gehandikapten erstmals ausgetragen, in Rom mit 400 Teilnehmerinnen und Teilnehmern. 1976 gab es im schwedischen Ornskoldsvik die ersten Winterparalympics. 1988 in Seoul fanden die paralympischen Wettkämpfe erstmals auf den olympischen Sportstätten statt und vier Jahre später in Barcelona wollten annähernd 1,5 Millionen Zuschauer die Behindertensportlerinnen und -sportler sehen. In Atlanta mussten erstmals alle Besucher Eintritt zahlen, nach Angaben des Organisationskomitees APOC sollen 500.000 Tickets verkauft worden sein. Und wenn im Jahr 2000 die sportinteressierte Welt nach Sydney blickt, sind olympische und paralympische Spiele das erste Mal von einem gemeinsamen Organisationskomitee geplant worden. In Behindertensportkreisen hofft man, dass auch hierdurch die Aufmerksamkeit für die paralympischen Spiele weiter gesteigert wird.

---

[1] Der Sport behinderter Menschen teilt sich international in drei Organisationsbereiche auf: Taubstummen-Wettbewerbe, die Special Olympics (Wettbewerb geistig Behinderter) und den Bereich des Internationalen Paralympischen Komitees (IPC). Diesem gehören wiederum zahlreiche Unterorganisationen an, welche die verschiedenen Körperbehinderungen vertreten.

In Deutschland hat inzwischen auch die Politik vermehrt Initiative für den Behindertensport ergriffen: was zum einen die finanzielle Förderung des Deutschen Behinderten-Sportverbandes (DBS)[2] durch das Bundesinnenministerium betrifft, zum anderen verweisen hohe Politiker immer öfter und mit Nachdruck auf die Leistungen und den Wert des Behindertensports. Keineswegs vergleichbar mit der politischen Reputation des Behindertensports ist indes sein öffentliches Ansehen. Zwar hat er sich inzwischen aus den Sozial- und Medizinressorts der Medien verabschiedet und wird fast ausschließlich – aber nicht ausgiebig – im Sportteil behandelt, doch eine einzige Frage dürfte die weiterhin defizitäre Berichterstattung über den Behindertensport hinreichend charakterisieren: Was haben Sie *nach* den Paralympics vom Behindertensport im Fernsehen zu sehen, im Radio zu hören oder in den Zeitungen zu lesen bekommen? Immerhin: Die Paralympics

Aufgalopp. Beinamputierte 100-Meter-Sprinter

---

[2] Der Deutsche Behinderten-Sportverband (DBS) ist als Spitzenverband Mitglied des Deutschen Sportbundes (DSB) und einer der rund 135 nationalen Verbände, die dem Internationalen Paralympischen Komitee (IPC) angehören. In Fachkreisen zählt der DBS, in dem der Behinderten-Sportverband Nordrhein-Westfalen (BSNW) der mitgliederstärkste Landesverband ist, zu den am besten strukturierten Verbänden. Nicht zuletzt deswegen hat das IPC seit 1998 seinen Sitz in Bonn.

Die Medien und der Behindertensport	15

selbst sind für deutsche Sportjournalisten zu einem gewissen Medienereignis geworden. Während die Wettbewerbe der Atlanta-Olympiade in den Kanälen der öffentlich-rechtlichen Sendeanstalten annähernd nonstop über den Bildschirm flimmerten, wurde auch über die X. Paralympics 1996 mehr berichtet als in der Vergangenheit – wenngleich in den TV-Sendern auch meist nur zusammenfassend.

Neben mehreren Fernseh- und Radiosendern waren in Atlanta die wichtigsten Nachrichtenagenturen und Korrespondenten einiger Tageszeitungen vertreten. Das ist zumindest ein Fortschritt gegenüber der Medienpräsenz bei vergangenen Paralympics. Neben dem verhältnismäßig geringen Umfang der Berichterstattung ist oft die inhaltliche Darstellung des Behindertensports zu bemängeln. Häufig ist sie von Stereotypen durchzogen, die Sportjournalisten anachronistisch beibehalten. Die gehandikapten Sportlerinnen und Sportler kritisieren in der Hauptsache, daß immer wieder nicht ihre erbrachten Leistungen, sondern ihre Behinderung in den Vordergrund gestellt wird: „Trotzdem-Athleten" und „Sorgenkinder" statt „Wunderläufer" und „Ballzauberer" – Produkte einer sich in erster Linie am Schicksal orientierenden Berichterstattung.

Zurecht empfindlich reagieren behinderte Athletinnen und Athleten, wenn selbstverständliche Tugenden des Sports bei ihnen zu pathologischen Mustern umgedeutet werden, sagt DBS-Aktivensprecher Gunther Belitz. Das geschieht etwa in Beiträgen, die vom „zwanghaften Leistungswillen, um das Handikap psychisch zu kompensieren", oder vom „Triumph über die Behinderung" erzählen. Ein gängiges Vorurteil ist, dass der Leistungswille bei Behinderten zwanghaft sei, weil dieser dazu diene, das Handikap psychisch zu kompensieren. Dagegen gehört die vollständige psychische Verarbeitung der Behinderung zu den wichtigsten Voraussetzungen, um Leistungssport überhaupt erfolgreich zu betreiben. Die Sportlerinnen und Sportler empfinden in der Regel ihre Behinderung nicht als ein soziales Stigma, sondern lediglich als physischen Funktionsverlust, der im sportlichen Wettstreit Gleichgesteller keine Rolle spielt.

Den immer wieder gehörten pauschalen Klagen vieler Behindertensportler, ihr Sport sei in den Medien generell unterrepräsentiert, ist nicht uneingeschränkt zuzustimmen. Gerade in der lokalen Tagespresse finden Behindertensportereignisse zunehmend ihren festen Platz (BELITZ 1996). Was weitgehend fehlt, ist hingegen die TV-Berichterstattung von wichtigen nationalen Ereignissen, wie z.B. Deutsche Meisterschaften. Vor allem aber wünschen sich die Behindertensportler Live-Übertragungen von den wenigen wirklich großen Wettkämpfen wie Paralympics und Weltmeisterschaften. Das Fernsehen stellt durch die Übermittlung von Bildern – durch die technische Reproduktion von scheinbarer Wirklichkeit – letztlich das spektakulärste Medium dar. Außerdem ist es mittlerweile für den Sport durch die Verflechtungen mit der werbetreibenden Industrie ökonomisch unverzichtbar geworden. Deswegen wird es auch von den Vertretern des Behindertensports am gründlichsten begutachtet. Hingegen scheint es auf Seiten der TV-Journaille die meisten Vorbehalte zu geben, gerade im Werbeumfeld der Sender, bei denen Behinderte als „Quotenkiller" (BELITZ 1996) gelten.

Die soziologische Forschung in Deutschland hat sich mit der Frage der sozialen Reaktion[3] auf behinderte Sportler bislang empirisch noch nicht beschäftigt. Dabei ist das Problem der sozialen Reaktion auf physisch abweichende Personen so alt wie die Menschheit. Schon im Alten Testament steht: „Es soll kein Blinder noch Lahmer in das Haus kommen" (2. Samuel, 5,8). Historische Beispiele für den Umgang mit „unwertem Leben" gibt es hinreichend. Und auch heute dürfte niemand ernsthaft bestreiten, dass körperlich behinderte Menschen zum Teil abgelehnt und diskriminiert werden. Davon ist auch die Berichterstattung über den Behindertensport tangiert.

Nicht nur für den Sport, auch für die Belange der Behinderten insgesamt darf jene Problematik nicht als unbedeutend eingeschätzt werden. Die Sportberichterstattung hat eine erhebliche Bedeutung für alle Medien bekommen. Umfassendere

---

[3] In diesem Sinne all das, was durch die physische Abweichung im sozialen Umfeld des behinderten Menschen bewirkt wird.

Die Medien und der Behindertensport 17

Rollstuhlbasketball. Nationalspieler Frank Michael (links) im Kampf um den Ball

Sendezeiten für Sport und das stetige Ansteigen der Live-Übertragungen von Sportereignissen, die Vielzahl von Sportmagazinen sowie die verbreiterte Sportberichterstattung in den Tageszeitungen belegen dies eindrucksvoll. Vor diesem Hintergrund plädieren Behindertensport und Behinderte für eine umfassendere und adäquatere Berichterstattung über ihre Belange. Die Forderungen des Behindertensports sind bereits treffend beschrieben: „Die z.T. undifferenzierte Reproduktion von Pauschalaussagen über den Behindertensport korrespondiert mit einem Drang der Vertreter des Behindertensports nach öffentlicher Präsentation und Berücksichtigung. Dieses – sicherlich berechtigte – Interesse ist als Anzeichen dafür zu werten, daß sich die betroffenen Leistungsempfänger nicht mehr mit der staatlichen Unterstützung durch ‚Geld' und ‚Recht' zufrieden geben, sondern im Sinne der sekundären Intervention nach Anerkennung und Verbesserung der sozialen Ökologie und der Handlungskompetenz streben" (STAUTNER 1989, 18).

1.1.2 Die defizitäre Berichterstattung

1.1.2.1 Quantitative Aspekte

Immer wieder fordern der Behindertensport und Vertreter der Politik vor großen Ereignissen zur medialen Beachtung auf. Dennoch waren 1992 die Bilder auf den deutschen Bildschirmen von den Paralympics in Barcelona noch von peinlicher Bescheidenheit. ARD und ZDF kamen insgesamt auf nicht einmal drei Stunden Berichterstattung. Die privaten Sender beschränkten sich auf kleine Einzelnachrichten. Im Vorfeld hatten die Sender 5.000 Mark für den Erwerb der Aufzeichnungsrechte für zuviel gehalten. Von der Nichtbehinderten-Olympiade wurden alle Plazierungen im Videotext aufgeführt, von den Paralympics nicht einmal die Goldmedaillengewinner erwähnt.

März 1996, fünf Monate vor den Paralympics in Atlanta: Die EBU, die Vereinigung der öffentlich-rechtlichen Sendeanstalten in Europa, ist noch zu keinem Abschluß mit der amerikanischen Vermarktungsagentur über die Senderechte gekommen. Derweil sind die TV-Übertragungsrechte der Olympiaden bis ins Jahr 2008 schon abgeklärt. Zwei Welten – im Jahr 1996 mit einer Gemeinsamkeit: Olympiade und Paralympics werden nachträglich verlängert. Aus verschiedenen Gründen allerdings. Während Olympia 17 statt 16 Tage dauern soll, damit der amerikanische TV-Organisator NBC die Eröffnungsfeier werbeattraktiv auf einen Freitag vorverlegen kann, werden die Paralympics einen Tag vorverlegt, weil die Baseballer der Atlanta Braves ihr Ligaspiel im Nebenstadion, das für die Aufstellung zur Eröffnungsfeier benötigt wird, nicht verlegen möchten.

Noch einige weitere Negativbeispiele: Das Jahr 1994 kam nach der Euphorie von Barcelona mit herben Rückschlägen für den deutschen Behindertensport daher. Zwei Großveranstaltungen gingen hierzulande über die Bühne. Zum einen die Volleyball-Weltmeisterschaften in Bottrop – mit dürftigem Medieninteresse. Selbst als die Organisatoren auf Wunsch der ARD das Finale der Stand-Volleyballer auf den frühen Freitagabend vorverlegten, brachte die *Sportschau* später nur Fußball, Tennis und einen Bericht vom Hockenheim-Ring. Die andere Groß-

Die Medien und der Behindertensport 19

veranstaltung war die Leichtathletik-WM im Berliner Olympiastadion. Hier wurde später zwar die Berichterstattung gelobt, doch das Publikumsinteresse war denkbar gering. Während die Organisatoren der Barcelona-Paralympics einen Besucherschnitt von zirka 90.000 pro Tag vermeldeten, wurde bei den Leichtathletik-Weltmeisterschaften in Berlin der kalkulierte Schnitt von 20.000 Zuschauern pro Tag nicht annähernd erreicht. An den Haupttagen fanden gerade einmal 1.500 Interessierte den Weg ins Berliner Olympiastadion. Trotz der für bisherige Verhältnisse intensiven Medienberichterstattung kam kein Zuschauer mehr ins Stadion. Das gab zu denken.

Sicherlich hat die Berichterstattung über den Behindertensport in den vergangenen Jahren zugenommen, wurde auf den Druck des Behindertensports und seiner politischen Unterstützter reagiert. Die Paralympics in Atlanta 1996 brachten das erwartete Zwischenhoch (nähere Informationen und Zahlen in Kapitel 3.1). Von einer entsprechenden Behandlung kann aber nicht gesprochen werden. In den Sportsendungen von Rundfunk und Fernsehen, auf den Sportseiten der Zeitungen und Zeitschriften werden nur höchst selten die sportlichen Leistungen von blinden, gehörlosen oder rollenden Sportlerinnen und Sportlern berücksichtigt. Es sind fast ausschließlich die internationalen Großereignisse des Behindertensports, die Platz in der Berichterstattung finden, und bisweilen kommt der Eindruck auf, es handele sich hier um eine Alibi-Berichterstattung. Auch Veranstaltungen wie die Paralympics sind inzwischen rein leistungssportliche Wettbewerbe mit Show-Charakter, die nicht den Behindertensport insgesamt repräsentieren. In Telefoninterviews ließen Sportjournalisten vereinzelt durchblicken, daß es doch wohl ausreiche, alle vier Jahre – nämlich bei den Paralympics – über Behindertensport zu berichten.

„Weniger als ein Prozent der Sportberichterstattung in Tageszeitungen widmet sich dem Behindertensport. In der heutigen Sportberichterstattung bleibt für den Behindertensport als Sportart und Therapie kein publizistischer Platz, es sei denn, auch hier stehen Höchstleistungen, nationale Identifikationsheroen oder weltweite Ereignisse im Vordergrund. In Nachricht oder Bericht sowie Live-Übertragung oder Sport-Magazin haben nur wenige Sportarten und exotische Themen eine Chance, berücksichtigt zu werden. Und das unterhaltsame Spektakel hat, vor allem im Fernsehen, zukünftig noch eine größere Funktion als bisher. Informatives Aufklären, investigativer Sportjournalismus oder die publizistische Versorgung von Minderheiten werden bei Hörfunk und Fernsehen noch weiter zurückgehen. Der kommerzielle Schausport hingegen wird weiter zunehmen. Ob die Printmedien diesem Trend zuwiderhandeln, bleibt abzuwarten. Unterhaltungselemente spielen auch hier eine immer größere Rolle. Der Alltagssport, der Breiten- und Freizeitsport, sicher auch der Behindertensport haben nur Chancen auf mediale Berücksichtigung, wenn besondere und spektakuläre Ereignisse anstehen. Dabei können dann die Zeitschriften die größte Rolle spielen, das Fernsehen sicher die geringste. Interessen des Publikums, der Rezipienten, auch an anderen Themen oder Sportarten sind vorhanden, sie werden leider medial nicht bedient" (HACKFORTH 1994, 47).

Was schon 1985 an der Sportberichterstattung kritisiert wurde, hat sich über ein Jahrzehnt später nicht verändert. Im Gegenteil, der Trend hat sich eher verstärkt: „Das Alltägliche, Normale und wenig Spektakuläre findet in den Sportmedien nicht oder nur unzureichend statt. Dafür sind die Auswahlkriterien der Sportjournalisten ebenso verantwortlich wie die berufliche Selbsteinschätzung als Mittler im Kommunikationsprozeß und die Vorstellungen vom Rezipienten. Es dominiert eindeutig die Sportart Fußball (...) Die Mitgliederzahl in den einzelnen Sportverbänden sowie die unorganisierten Interessengemeinschaften, in denen Sport und Spiel betrieben werden, scheinen bei der Programmplanung nur eine untergeordnete Rolle zu spielen. Hier würden sich jedenfalls keine kongruenten Ranglisten mit der tatsächlich präsentierten Sportberichterstattung ergeben. Damit wird die Sportrealität durch die Medien verzerrt, reduziert und komprimiert" (HACKFORTH 1985, 27f.).

Von gut der Hälfte der Bevölkerung in der Bundesrepublik wird heutzutage mehr oder minder regelmäßig Freizeit- und Breitensport ausgeübt. Im Deutschen Behinderten-Sportverband (DBS) sind über 280.000 behinderte Sportler organisiert

Die Medien und der Behindertensport 21

(Stand: Ende 1997). Und doch orientiert sich die Sportberichterstattung nur an den großen internationalen Ereignissen im Leistungs- und Spitzensport, dem professionalisierten Sportgeschehen.

Das Fernsehen nimmt dabei einen Sonderstatus ein. Im Konkurrenzkampf der Sender kommt speziell der Sportberichterstattung eine entscheidende Rolle zu. Sport steht in der internen Popularitätshierachie der Fernsehprogramme ganz oben. Insbesondere die privaten Anstalten zeigen ein sehr beachtliches Interesse und scheinen ihre Programme nicht zuletzt über Sportsendungen auf dem Markt etablieren zu wollen. Mittlerweile gehört die Sportberichterstattung zum begünstigten Sendeprogramm. Der Fernsehzuschauer kann heute täglich Sportprogramme konsumieren. Konsens herrscht in der Medienforschung darüber, daß der quantitativ sehr viel umfangreichere Fernsehsport nicht gleichzeitig qualitativ vielfältiger geworden ist. Die Gleichung „Vielzahl gleich Vielfalt" (HACKFORTH 1994) geht nicht auf. Im Fernsehen ist auch weiterhin die einfache Multiplikation des immergleichen Sports zu erwarten. Für die Sportberichterstattung im Fernsehen bedeutet dies, dass wenige Sportarten, die als besonders telegen und zuschauerwirksam eingeschätzt werden, noch extensiver präsentiert werden. Im Grunde genommen bleibt alles wie gehabt. Bisher vernachlässigte Sportarten bleiben auch weiterhin außen vor. „Auf diese Weise schließt sich ein Kreislauf fortschreitender Kommerzialisierung, bei dem die neuen privaten Programmanbieter eine Vorreiterrolle einnehmen. Einige telegene Sport-Highlights erreichen hohe Einschaltquoten, garantieren teure Werbezeiten und rechtfertigen entsprechend hohe, kräftig steigende Kosten für die Senderechte" (TEWES 1991, 217f.). Nur wenn der Sport vordergründig attraktive Wettkämpfe mit bekannten Sportlern bietet, ist eine Berichterstattung für das Fernsehen lohnenswert, da sich nur unter dieser Prämisse Wirtschaftsunternehmen bereit zeigen, den Sport als Werbeträger zu nutzen.

1.1.2.2 Qualitative Aspekte

Die Zusammenarbeit zwischen Medien und Behindertensport steht weiterhin am Anfang. Behindertensportler merken immer noch und immer wieder kritisch an, dass Journalisten über geringes Hintergrundwissen verfügen – über die Einteilung der Schadensklassen, die Besonderheiten der Einschränkungen jedes Athleten, die Historie und die Entwicklung des Behindertensports im allgemeinen.

Oft bedarf es reichlichen Engagements, um Journalisten zu einer Vorberichterstattung und zum Besuch von Behindertensport-Wettkämpfen zu bewegen. Die zuständige Leiterin für die Öffentlichkeitsarbeit der Leichtathletik-WM 1994 in Berlin machte die Erfahrung, daß über schriftliche Informationen kaum ein Medienvertreter zu gewinnen war. Einzig das persönliche „Penetrieren" war erfolgreich.

Auch andere Redaktionen und Ressorts nehmen sich des Behindertensports an. Dann aber weniger unter sportlichen Aspekten, weshalb Sportlerinnen und Sportler eine Darstellung in Gesundheits- oder Sozialmagazinen entschieden ablehnen. Überhaupt ist es oft ein medizinischer Blickwinkel, unter dem behinderte Menschen dem Publikum präsentiert werden. Typisch dafür die Berichterstattung von den Paralympics in Barcelona 1992: Berichtet haben häufig nicht Sportjournalisten, sondern die Kollegen aus der Medizin- oder Sozialredaktion. In einem ZDF-Beitrag über die Wettkämpfe im Weitsprung erfuhren die Zuschauer beispielsweise nicht, wie weit der Goldmedaillengewinner gesprungen war, sondern – in sehr ausführlicher Form – daß er einbeinig ist und welche Prothese er trägt.

Der Behindertensportler und Journalist Gunther Belitz, Aktivensprecher des Deutschen Behindertensport-Verbands, will die Position des Behindertensports nicht mit der Stellung von Randsportarten vergleichen. In einem persönlichen Gespräch sagte er einmal: „Der Behindertensport musste zuerst die Schwelle zum Sport überschreiten und aus der lokalen und allgemeinen Berichterstattung herausbrechen. Randsportarten hatten dieses Hindernis nicht."

Im wesentlichen werden Behinderte in Veröffentlichungen auf zweierlei Weise beschrieben:

a) Berichte sollen mit ihnen „pikanter" gemacht werden, oder es wird die immer latent vorhandene Angst vor Missbildungen und Behinderungen für Zwecke der Berichterstattung ausgenutzt. Und so geht es hierbei nicht um die Interessen von Behinderten, sondern rein um den Verkauf der Berichte nach der Maxime „sensations sells". Solche Darstellungen nehmen einen nicht unwesentlichen Raum in „Yellow-Press"-Magazinen ein. Nur ein Beispiel: In einem Porträt über eine erfolgreiche Behindertensportlerin schrieb die Zeitschrift *Glücks-Revue* 1994: „Das Schicksal schlug vor zwanzig Jahren erbarmungslos zu (...) da begann die Leidensgeschichte (...) Ihr Zustand verschlimmerte sich. Die dritte Rückenoperation ging schief (...) ‚Es war furchtbar (...) Ich wußte nicht wie mein Leben weitergehen sollte' (...) Die einst so hoffnungsvolle Nationalspielerin galt als Kranke plötzlich nichts mehr (...)."

b) Es geht tatsächlich um Behinderte, wobei zwei Themenschwerpunkte zu unterscheiden sind:

1. Die Behinderung mit ihren medizinischen Ursachen und Therapiemöglichkeiten. Hierbei entsteht der Eindruck, dass Behinderte offenbar nur über eine einzige Eigenschaft – das Behindertsein – verfügen.

2. Die „besonderen Leistungen" Behinderter. Werden Behinderte nicht als arme Opfer dargestellt, so konzentriert sich alles auf Leistungen, die sie vollbringen, so als ob Behinderte durch besondere Leistungen ihre Daseinsberechtigung zu beweisen hätten (PFLANZ 1994).

Das Schildern von Einzelschicksalen mutet oft wie ein Alibi der Kommunikatoren an. Anstelle eines gesicherten Überblicks oder stichhaltiger Informationen zum Behindertensport wird porträtiert. Die Problematik des Behindertensports wird auf der Ebene von Beispielen behandelt.

Ein Großteil der Sportjournalisten, die über behinderte Sportler berichten, sind wirklich bemüht; ihnen mangelt es aber oftmals an Sensibilität. Voller Eifer zu helfen, wird der Behinderte nicht selten zum passiven Empfänger von Mildtätigkeit gemacht. Die mangelnde Sensibilität äußert sich in Texten, welche die Tragik dramatisieren, um noch heroenhaftere Helden zu bekommen. Es passiert gerade besonders engagierten Journalisten nicht selten, daß sie in „Gefühlsfallen" tappen, ohne es überhaupt zu merken. Im Bestreben, die Sache zu fördern, kann das persönliche Engagement leicht zum Mitleid führen.

Festzustellen ist, daß die Attraktivität für die Publikationsmedien dann zunimmt, wenn sich der Behindertensport in die sensationsfähigen Grenzbereiche der Hochleistungen und Rekorde begibt. Wenn der Behindertensport und damit das Problem der Behinderung auch zunehmend öffentlich präsent wird, besteht nach wie vor die Gefahr einer einseitigen Darstellung, zumal die „öffentliche Meinung" vom Behindertensport oft nur aus Vorstellungen und Einstellungen nichtbehinderter Personen hervorgeht. Nicht ohne Grund mehren sich kritische Stimmen, die davor warnen, Behinderte als „Zirkuspferde" zu mißbrauchen.

Die Chance, die der Behindertensport für die Verbesserung der Lebensqualität in einer modernen Gesellschaft real bietet, wird zum Teil undifferenziert pauschalisiert und der Öffentlichkeit verzerrt präsentiert. Die Ursachen dieser Problematik sind nicht zuletzt in einer theoretischen Konzeptlosigkeit zu sehen. Weder gibt es in der Soziologie eine ausgearbeitete Theorie der Behinderten noch im Bereich der Sportwissenschaft eine soziologisch orientierte Forschung und Modellbildung zum Behindertensport. Es fehlt an einer grundlegenden Analyse, die erlaubt zu hinterfragen. Deswegen stützen sich viele Aussagen nur auf Einzelbeispiele oder auf Erkenntnisse aus zweiter Hand (STAUTNER 1989).

1.1.3 Entwicklungen des Sportjournalismus

„Der Journalismus allgemein und der Sportjournalismus speziell sind gekennzeichnet durch grundlegende Wandlungen und Veränderungsprozesse. Gerade im vergangenen Jahrzehnt ist das Duale Mediensystem der Bundesrepublik Deutschland durch die Einführung des Dualen Rundfunksystems seit 1984 und die Vereinigung beider deutscher Staaten seit 1989 erheblichen medialen Neuerungen und innovativen Entwicklungen ausgesetzt gewesen" (HACKFORTH/ FISCHER 1994, 13). Die Massenmedien nehmen inzwischen innerhalb der Gesellschaft einen bedeutenden Rang ein. „Nach letzten Prognosen wird dieser Zweig der Kommunikationsindustrie die Autoindustrie in Deutschland bald im wirtschaftlichen übertreffen, was den Übergang von der Industrie- zur Informations- und Mediengesellschaft zementiert" (GÖRNER 1995, 31).

Gerade die Sportberichterstattung im „Leitmedium Fernsehen" hat sich erheblich verändert. Ausschlaggebend dafür ist die kommerzielle und marktwirtschaftliche Öffnung (HACKFORTH/FISCHER 1994). In dem „magischen Dreieck" aus Sport, Medien und Wirtschaft „spiegeln sich die gegenseitigen Abhängigkeitsverhältnisse wider. Der Sport, welcher sich zum Wirtschaftsfaktor entwickelte, benötigt Geld und materielle Zuwendungen zur Existenz und muß deshalb den Forderungen der Wirtschaft nachgeben. Diese wiederum benötigt Medien, vor allem das Fernsehen, um Werbe-‚Botschaften' zu übermitteln. Das Medium seinerseits sucht sich aus dem Sportfundus das massenattraktivste heraus, um Programmqualität und Einschaltquote zu erhöhen" (GÖRNER 1995, 34). Das Betrübliche dabei ist, dass mehr Sender mit Sportprogrammen und eine insgesamt umfangreichere Berichterstattung über Sport nicht gleichzeitig eine vielfältigere Sportberichterstattung im Fernsehen bedingen. Statt dessen wird das Gleiche vervielfältigt, gibt die Sportberichterstattung vor, was überhaupt rezipiert werden kann oder nicht, werden manche Sportarten von den Medien überbetont, andere völlig ignoriert (GÖRNER 1995). „Erst langsam entwickeln sich aus Gründen der Programmverknappung, nicht der journalistischen Einsicht, neue Sendeformen und vor allem die Übertragung weiterer Sportarten und Sportereignisse. Die Ausstrahlungen suchen – bedingt durch die große Konkurrenz – bisher noch nach ihrem Publikum" (HACKFORTH/FISCHER 1994, 19). Die Erkenntnisse von HACKFORTH und FISCHER leiten sich auch aus einer Studie zum Sportjournalismus in Deutschland („Kölner Studie") ab, die am Institut für Sportpublizistik der Deutschen Sporthochschule in Köln mittels einer schriftlichen, postalischen Vollerhebung der deutschen Sportjournalistinnen und Sportjournalisten durchgeführt wurde. Zweiter Kritikpunkt der Autoren neben der Einseitigkeit des Sportprogramms im TV ist der Trend zur Boulevardisierung und deren anhaltende Tendenz zu reiner Unterhaltung. „Bisweilen ist das Infotainment schon längst überschritten und das Entertainment hat sich durchgesetzt. Sportjournalisten (Jauch, Wontorra, Beckmann, Rubenbauer u.a.) als Entertainer – ‚Homestories' und ‚Human Touch'-Geschichten als Programmphilosophie" (HACKFORTH/ FISCHER 1994, 19).

In besagte Programmphilosophie passt mancher Sport nicht. Sport ist Unterhaltung, und bestimmte Sportarten eignen sich in Augen der Verantwortlichen für diesen dominanten Zweck scheinbar nicht. Dieser Sport muss in Nischen seine medialen Zukunftschancen suchen – wie auch beispielsweise das große Feld des Breiten- und Freizeitsports, dessen Bedeutung innerhalb der Gesellschaft nicht zuletzt durch den größer werdenden Einfluß des Gesundheitsmotivs wächst. „Das Gewicht in den Medien entspricht diesem Tatbestand in keiner Weise, scheint mit den traditionellen Formen der Sportberichterstattung aber auch nicht abzudecken sein. Es ergibt sich erst eine Chance, wenn Sportberichterstattung der Serviceleistung für den Rezipienten einen höheren Stellenwert zuweist. Die Formen der Service-Berichterstattung werden derzeit eher von anderen Ressorts wahrgenommen, können für den Sportjournalismus aber eine wesentliche Aufgabe werden" (HACKFORTH/FISCHER 1994, 56). Die Kölner Studie gelangt im Zuge der Frage nach den essentiellen Aufgaben eines Sportjournalisten zu der Erkenntnis, daß nach wie vor die Informationsfunktion auch im Sportjournalismus eine Aufgabe ist, der sich praktisch alle Angehörigen dieses Berufsstandes verpflichtet fühlen (99,2 Prozent). Brisanter wird es bei den nachfolgenden Positionen. 83 Prozent fühlen sich dazu aufgerufen, Missstände zu kritisieren, und bereits 71,1 Prozent wollen ihr Publikum unterhalten, was den neuen Medienstrukturen und deren Ausrichtung entspricht. „Werte und Ideale spielen dagegen eine untergeordnete Rolle, ebenso eigene Ansichten zu publizieren oder Anwalt für Benachteiligte (z.B. Behinderte) zu sein." Das Selbstverständnis vom anwaltschaftlichen und investigativen Sportjournalismus korreliert auch mit dem Lebensalter der Sportjournalisten: „Je älter desto stärker, je jünger desto geringer! Sich für Benachteiligte im Sport einzusetzen ist nicht sehr populär; zahlreiche Beispiele aus der täglichen Praxis zeigen dieses eindrucksvoll" (HACKFORTH/FISCHER 1994, 34ff.).

Die Rezipienten des Sportjournalismus werden, im Gegensatz zu den Konsumenten wirtschaftlicher, kultureller oder politischer Inhalte, in den unteren, weniger privilegierten Schichten der Bevölkerung vermutet. Sicherlich hängt dieses Bild schief. Sportjournalisten gehen aber offenbar nicht selten davon aus, das Interesse (dieser Bevölkerungskreise) am Sport rühre vor allem vom Unterhaltungsbedürfnis her. Das Bekenntnis zur Information ist in diesem Zusammenhang zunehmend heuchlerisch. Und den Entertainer zu spielen, widerspricht eigentlich dem Selbstverständnis des Berufsstandes (Aufgabe des Vermittelns, Informierens und Kommentierens). Es werden im Sportjournalismus häufig Rollenvorstellungen sichtbar, die mit dem Berufsanspruch nicht in Einklang zu bringen sind. Zu Lasten ihrer Aufgabe als Vermittler übernehmen Sportkommunikatoren zunehmend die Funktion von unterhaltenden Entertainern.

Angesichts des offensichtlichen Missverhältnisses zwischen Behinderung und Unterhaltung ist das Verhältnis des Sports und seiner Vermittler zu behinderten Menschen vielschichtig und spürbar schwierig: Der Sport repräsentiert positive Werte wie Wohlbefinden, Jugendlichkeit, Fitness, Gesundheit und Natürlichkeit. Die Behinderung hingegen stellt offenbar genau das Gegenteilige dar, ist überwiegend mit den negativen Vorzeichen des Nicht-Könnens, des Missbefindens, Krankseins und der Unnatürlichkeit behaftet. Die Vermutung liegt nahe, daß sich Sportjournalisten, die unterhalten wollen, schwer tun, einen vordergründig unterhaltsamen Bezug zum Thema Behinderung zu finden und zu beschreiben.

1.2 Ursachenanalyse

Nach unseren ersten Erkenntnissen beeinflussen im wesentlichen drei Faktoren die Berichterstattung über Behindertensport:
1. Die Einstellungen von Journalisten und Rezipienten
2. Die mangelnde Information der Medien (seitens des Behindertensports)
3. Die Vielfalt der Schadensklassen

1.2.1 Einstellungen zu Behinderten

Interessen werden verstanden als Verhaltenstendenzen, die relativ überdauernd und verallgemeinert sind. In ihrer Entwicklung stehen sie in enger Beziehung zur Entwicklung des Selbstbildes und sind gerichtet auf verschiedene Gegenstands-, Tätigkeits- oder Erlebnisbereiche. Bei diesen Verhaltenstendenzen können zu unterschiedlichen Zeiten und unter abweichenden Bedingungen die kognitiven, die emotionellen oder die handelnden Komponenten im Vordergrund stehen. Interesse und Einstellung sind eng verbunden; Interessen unterscheiden sich lediglich durch eine größere Spezifität des Gegenstandsbereichs. Bei vergleichbarer Spezifität des Gegenstandsbereichs dürften Einstellungen und Interessen kaum unterscheidbar sein (TODT 1978).

Interesse und Einstellung werden als Person-Gegenstands-Beziehung definiert. Wenn daher von Sportjournalisten ein mangelndes Rezipienten-Interesse am Behindertensport als Grund angeführt wird, nicht zu berichten, so ist davon auszugehen, dass es die Einstellungen gegenüber Behinderten sind, die hier Bedeutung annehmen. *Mangelndes Interesse* ist lediglich positiver besetzt als *ablehnende Einstellung*.

Negative Einstellungen gegenüber Körperbehinderten werden schon in der frühkindlichen Sozialisationsphase erzeugt. Dies geschieht über Sozialisationsinhalte, in denen eine physische Abweichung mit Attributen wie „böse" oder „schlecht" versehen wird, und durch Sozialisationspraktiken, in denen mit Krankheit oder

Behinderung als Strafe für normwidriges Verhalten gedroht wird. Generell wird in drei Komponenten der Einstellung unterschieden:

a) *Affektive Komponente*: Mit dem „psychologischen Objekt" auf das sich die Einstellung richtet, wird regelmäßig ein bestimmtes Gefühl (Zu- oder Abneigung) verknüpft. Dieses Gefühl kann physische Korrelate (z.b. Nervosität oder Errötung) haben.

b) *Kognitive Komponente*: Sie dokumentiert sich in Vorstellungen, Urteilen und Schlussfolgerungen über das wahrgenommene Einstellungs-Objekt.

c) Die *Handlungs- oder Aktionskomponente* einer Einstellung schließlich ruft im Individuum regelmäßig bestimmte Handlungstendenzen hervor, die – je nach dem Objekt, auf das sich die Einstellung bezieht – fördernd oder schädigend sein können (JANSEN 1981, CLOERKES 1985, nach KRECH/CRUTCHFIELD/BALLACHEY 1962).

Menschen sind stets darum bemüht, diese drei Komponenten in Einklang zu bringen, so dass letztlich von einer einheitlichen Reaktion auf das Einstellungsobjekt gesprochen werden kann. Die meisten Autoren sehen indes in der affektiven Komponente den Kern der sozialen Einstellung. Gerade im Konfliktfeld Behinderung deutet vieles darauf hin, daß die affektive Komponente in höchstem Maße die Einstellung determiniert. Sie kann so überwertig werden, dass es zur kurzfristigen Desorganisation der Verhaltenssteuerung kommt.

In der Gefühlskomponente ist die Verunsicherung zu suchen, die einen Nichtbehinderten im Kontakt mit behinderten Menschen befällt. Aufgebaut auf der affektiven Komponente zeigt sich eine sehr starke Aktions- oder Handlungskomponente, die zweipolig sein kann (Liebe oder Abgrenzung).

Die kognitive Komponente hat in diesem Zusammenhang offenbar eine entlastende Funktion. Sie dokumentiert sich in Rationalisierungsmechanismen mit zwei

Tendenzen: Entweder die Folgen einer Behinderung werden bagatellisiert oder sogar negiert, oder es entsteht ein Bild, bei dem die Körperbehinderten als körperlich und psychisch so verändert dargestellt werden, dass ein Zusammenleben mit ihnen unmöglich erscheint. In beiden Fällen dienen diese Rationalisierungsmechanismen der psychischen Entlastung (JANSEN 1981, CLOERKES 1985).

Als Transformatoren des tatsächlichen Geschehens tragen die Medien gegenüber ihren Rezipienten erhebliche Verantwortung. Denn Einstellungen zu Behinderten entstehen im allgemeinen nicht durch direkte Erfahrungen, sondern werden meist indirekt, vor allem über Medien vermittelt. Also sollte auch die Präsenz von behinderten Sportlern in den Medien kritisch hinterfragt werden. Wenn etwa im Fernsehen Bilder von den Paralympics gezeigt werden, wird damit zwar das berechtigte Interesse der Protagonisten an einem Anteil der Sendezeit befriedigt, es sollte aber auch eine mögliche negative Wirkung dieser Bilder in Betracht gezogen werden. Vorurteile und negative Einstellungen gegenüber Behinderten können durch inadäquate Medienberichte indirekt aufgebaut werden (STAUTNER 1989). Auf der anderen Seite bieten Berichte zweifellos die Möglichkeit, aufzuklären und negative Einstellungen zu(m) Behinderten(sport) abzubauen.

Es scheint unumstritten, dass sichtbare Körperbehinderungen bei Nichtbehinderten in der Regel psycho-physische Reaktionen wie Angstgefühle, affektive Erregtheit und Unbehagen erzeugen. Daraus entwickeln sich pathologische Formen der Interaktion. Spannung und Verhaltensunsicherheit lassen für Nichtbehinderte Begegnungen mit Behinderten zu unangenehmen Erfahrungen werden, die sie antizipatorisch zu vermeiden suchen. Es lassen sich typische Formen der sozialen Reaktion beobachten. Fast alle dieser Verhaltensweisen tragen letztlich zur Stigmatisierung Behinderter bei (CLOERKES 1985). Stigmata sind eine besondere Form von sozialen Vorurteilen. Sie haben eine Orientierungsfunktion, entlasten von Unsicherheit und verzerren die Wahrnehmung. „Soziale Reaktion" ist als Komplex höchst unterschiedlicher Reaktionsformen anzusehen. So spricht man von Einstellungen gegenüber Körperbehinderten, von Vorurteilen, Stereotypen, Meinungen und Überzeugungen, von Stigmatisierung und Diskriminierung, denen

Behinderte ausgesetzt sind. CLOERKES (1985) definiert die soziale Reaktion als all das, was durch physische Abweichung bewirkt wird, aber nicht im behinderten Individuum selbst, sondern im sozialen Umfeld. Typische Formen sind Anstarren, taktlose Fragen, diskriminierende Äußerungen, Witze, Spott und Aggressionen (negative Reaktionen) oder das Äußern von Mitleid und Mitgefühl, aufgedrängte Hilfe, unpersönliche Hilfe, Schein-Akzeptierung oder Engagement (positive Reaktionen).

Vorurteile und Stereotypen entstehen während des Sozialisationsprozesses und werden später kontinuierlich durch persönliche Kommunikation und wahrgenommene Inhalte der Massenmedien manifestiert. Das Individuum kann sich an ihnen orientieren; sie reduzieren komplexe Sachverhalte und vermitteln ein Gefühl der Zugehörigkeit zu einer bestimmten Gruppe innerhalb der Gesellschaft.

Die Situation behinderter Menschen

Körperbehinderte erleben drei Formen der Begrenzung (JANSEN 1981):
1. Begrenzung durch die Behinderung selbst
2. Begrenzungen, die das Individuum sich selbst als Folge physischer Minderwertigkeit auferlegt (Formen der Flucht, Selbstmitleid, Rückzug vom sozialen Kontakt)
3. Begrenzungen, die die Gesellschaft dem Behinderten auferlegt

---

Ohne Zweifel ist die Literatur über die Gesamtproblematik der Rehabilitation Körperbehinderter sehr umfangreich. Die Momente aber, die eine soziale Integration Körperbehinderter erschweren, werden vergleichsweise wenig gewürdigt – vermutlich da Rehabilitation vorwiegend als medizinisches Problem angesehen wird. Dabei ist der schwierigste Teil der Rehabilitation mitunter gerade ihr letzter Schritt, die soziale Integration.

1.2.2 Determinanten der Einstellungen

Die Art der Behinderung
Bedeutsam scheint vor allem das veränderte äußere Erscheinungsbild Körperbehinderter zu sein. Offenbar löst allein der Anblick eines Körperbehinderten im Nichtbehinderten viele Reaktionen und Vorstellungen aus. Dabei ist der Begriff der Behinderung gesellschafts- und kulturabhängig. Im alten China galt ein künstlich verkrüppelter Vorderfuß bei jungen Mädchen als Schönheitsideal. Die Schwere seiner Behinderung scheint wenig Einfluß auf die Einstellung gegenüber einem behinderten Individuum zu haben. Indes scheint die Umwelt besonders negativ zu reagieren, wenn die Behinderung mit einem deutlich veränderten äußeren Erscheinungsbild verbunden ist. Untersuchungen über die Einstellungen zu Blinden, deren Behinderung oft nicht „auf den ersten Blick" zu sehen ist, bestätigen dies. Blindheit wird vergleichsweise positiver gesehen. Hingegen löst die Begegnung mit einem „Entstellten" Befremden, Abweisung oder sogar Ekel aus. Es handelt sich hierbei um einen unbewußten Abwehrmechanismus gegenüber dem Andersartigen. Je weniger eine Person äußerlich als behindert erkennbar ist, um so weniger wird sie abgelehnt. Die eigentliche Funktionsbeeinträchtigung durch die Behinderung scheint hier lediglich von sekundärer Bedeutung. Durch sein „So-Sein" verletzt der Behinderte soziale Werte der schönen nichtbehinderten Welt: Schönheit und physische Integrität, Leistungsfähigkeit und Gesundheit. Allein durch die Behinderungsart sind bereits die Einstellungen der Umwelt definiert (CLOERKES 1985).

Der Einfluß sozio-ökonomischer und demographischer Variablen
Von vergleichsweise geringerer Bedeutung als die Behinderungsart scheint der Einfluß sozio-ökonomischer und demographischer Merkmale. Lediglich für das Lebensalter und die Geschlechtszugehörigkeit wurden bislang Einstellungstendenzen gegenüber Behinderten empirisch festgestellt. Der Forschungsstand: relativ positive Einstellungen bei jungen Erwachsenen; weniger günstige bei Jugendlichen und recht negative bei älteren Personen. Erklärungsversuche blieben bis-

lang weitestgehend spekulativ. Hingegen gilt eine Beziehung zwischen Geschlecht und den Einstellungen zu Behinderten als gesichert. In nahezu allen Untersuchungen wurden für weibliche Versuchspersonen positivere Einstellungswerte gemessen (CLOERKES 1985).

Kontakt mit Behinderten
Ein Zusammenhang zwischen dem persönlichen Kontakt mit Behinderten und den ihnen entgegengebrachten Einstellungen scheint in der Einstellungsforschung unstrittig zu sein. Die „Soziale-Kontakt-These" der Vorurteilsforschung besagt sinngemäß, dass regelmäßiger Kontakt Diskriminierungen unwahrscheinlich macht. Behinderte werden so als gleichberechtigte Partner erlebt und nicht als Angehörige einer abstrakten sozialen Kategorie (allerdings könnte der Zusammenhang ebenso umgedreht sein: wer weniger diskriminierungsbereit ist, wird auch eher behinderte Menschen kennenlernen).

Die Gültigkeit der Sozialen-Kontakt-These ist an bestimmte Voraussetzungen geknüpft: es ist weniger die Kontakthäufigkeit, sondern die Kontaktqualität bzw. -intensität, die Einfluß auf eine Einstellungsänderung hat.

SCHEID (1995) untersuchte am Beispiel eines Spiel- und Sportfests für geistig behinderte Menschen, ob Begegnungsveranstaltungen im Sport geeignet sind, vorhandene Vorurteile und soziale Distanz bei nichtbehinderten Jugendlichen abzubauen. Spiel- und Sportveranstaltungen eröffnen Nichtbehinderten die Chance, Verhaltensweisen und Leistungsvermögen beeinträchtigter Menschen zu erfahren. Ergebnisse der schriftlichen Befragung zeigten, „dass die Begegnung im Sport bei nichtbehinderten Jugendlichen zum Abbau sozialer Distanz gegenüber Behinderten beitragen kann; Gefühle der Unsicherheit reduzieren und Neugierde und Zuneigung anregen kann; den Eindruck von Unbeholfenheit, Gehemmtheit und Unsicherheit behinderter Personen positiv verändern kann" (SCHEID 1995, 97).

Genauso wie über den persönlichen Kontakt können Vorurteile über Medieninformationen vermieden werden. Am Beispiel Aidskranker wurde nachgewiesen, wer Medieninformationen zum Schicksal aidskranker Menschen zur Kenntnis nimmt und ein Interesse daran zum Ausdruck bringt, ist ebenfalls weniger diskriminierungsbereit (HORNUNG/HELMINGER/HÄTTICH 1994).

1.2.3 Erklärungsansätze zur Frage der sozialen Reaktion

Psychoanalytische Ansätze: Die Begegnung mit einem Körperbehinderten löse beim Nichtbehinderten in der Regel Angstreaktionen aus. Die natürliche, triebhafte Ablehnung des Behinderten sei aber gesellschaftlich stark sanktioniert – es entstehe eine Schuldangst gegenüber dem eigenen Gewissen.

Psychologische Ansätze: In der anglo-amerikanischen Literatur steht vor allem der *Body-Concept*-Ansatz im Mittelpunkt psychologischer Betrachtungen. Hier wird die Bedeutung des „Körperlichen" in den Vordergrund gerückt. Angesichts der positiven gesellschaftlichen Bewertung von Schönheit und körperlicher Integrität sei eine Abweichung von diesen Richtlinien von großer Bedeutung für das Body-Image des Individuums. Das Body-Concept geht davon aus, dass zwischen der Struktur des Selbstkonzepts, insbesondere den auf die eigene Körperlichkeit bezogenen Teilen desselben (Body-Image), und den Einstellungen zu physisch abweichenden Personen ein hoher Zusammenhang besteht. Diese Annahme gründet sich vor allem auf die These der Gefährdung physischer Integrität. Betrachtet man den hohen sozialen Wert, den Gesundheit und physische Integrität haben, empfindet der Nichtbehinderte eine andauernde Angst vor dem Verlust dieser Werte. Diese Angst wird bei jeder Konfrontation mit einem Körperbehinderten erneut aktualisiert. Als Gegenreaktion auf diese „Gefährdung" setzt der Nichtbehinderte ihm zur Verfügung stehende Abwehrmechanismen ein, die im Wesentlichen auf Vermeidungs- und Rationalisierungshaltungen basieren. Diese Reaktionen sollen unbewusst ablaufen. Allgemein wird angenommen, dass eine „magische Furcht" vor Ansteckung hier ausschlaggebend ist (CLOERKES 1985).

Sozialpsychologische Ansätze: Die von BARKER (1948, dargestellt in CLOERKES 1985) aufgestellte *Minoritätentheorie* verrät eine gefährliche Nähe zu Gettoisierungs-Bestrebungen. Hiernach müsse der Behinderte – im Gegensatz zu ethnischen oder religiösen Minderheiten – seinen unterprivilegierten Status fast immer ohne Gruppenunterstützung tragen. Es wird daher eine Einschränkung des Lebensraums von Behinderten auf solche Bereiche vorgeschlagen, in denen sie sich „sicher" fühlen können. Die Minoritätentheorie wurde von JORDAN (1963, nach CLOERKES 1985) zum Konzept der *Disadvantaged Group* weiterverarbeitet. Das besagt, dass die Gruppe der Behinderten aus Individuen zusammengesetzt ist, die aufgrund eines besonderen, erkennbaren physiologischen Defektes in ihrer sozio-ökonomischen Angliederung und sozio-ökonomischen oder beruflichen Tätigkeit auf Hindernisse stoßen. Die psychische Distanz zwischen Nichtbehinderten und Behinderten sei größer als die zwischen Angehörigen einer Majorität und Angehörigen einer Minorität. Dies liege daran, dass das Verhalten der Nichtbehinderten gegenüber den Behinderten offensichtlich emotional überbetont sei und dass dadurch die Anerkennung des Behinderten als Individuum und seiner Möglichkeit zur Interaktion nicht gegeben sei. Nicht einmal der oberflächliche Kontakt werde gesucht. Im Gegenteil, der Nichtbehinderte gehe dem Behinderten bewusst aus dem Weg (JANSEN 1981, CLOERKES 1985).

Soziologische Ansätze: Hier sind vor allem die Überlegungen von JANTZEN (1974) zur physischen Abweichung und Gesellschaftsstruktur zu nennen. Der Autor sieht die Vorurteile gegenüber Behinderten aus der Gesamtheit des Menschenbildes in der kapitalistischen Gesellschaft begründet. Entsprechend der hohen sozialen Anerkennung von Störungen, die auf einen hohen Grad der Verausgabung der Arbeitskraft schließen ließen, stünden am unteren Ende jene Störungen, aufgrund derer nur Arbeitskraft geringeren Wertes und nur ein geringeres Ausmaß der Verausgabung von Arbeitskraft normalen Wertes angenommen werden könne. In den Einstellungen gegenüber Behinderten seien zudem nach wie vor abergläubische Elemente präsent, die im mittelalterlichen Hexenwahn und Teufelsglauben ihre Wurzeln hätten. Diese würden durch neuen Aberglauben Ergänzung finden, der beispielsweise Alkohol- und Nikotin-Missbrauch als Ursache körperlicher Behinderung sieht. JANTZEN glaubt, daß mit dem zunehmenden Abbau der Auffassung, Behinderte seien andersartig, das Kriterium ihrer Nützlichkeit an Bedeutung gewinnt; desto eher würden Menschen als Ausschussware gehandelt. Die „Verwertbarkeit" Behinderter sei für ihre allgemeine soziale Lage bedeutsam. Zumal jede Gesellschaft – schon um ihrer Bequemlichkeit willen – geneigt sei, alles Andersartige, nicht dem Normalbild Entsprechende als absonderlich, sogar feindlich zu empfinden (SEYWALD 1978, THIMM 1978).

In allen dargestellten Ansätzen spielt die Gefährdung bestimmter Gleichgewichtszustände durch die Konfrontation mit Behinderten eine Rolle. Bedeutsam ist letztlich die psychische Kategorie der Angst. Der andersartige, vom gewohnten Erscheinungsbild abweichende Mensch ruft zunächst weitgehend irrationale und unspezifische Gefühle von Angst und Unsicherheit beim Nichtbehinderten hervor, die dann die soziale Reaktion prägen.

Mit Blick auf den Sport und den gerade ihn eng begleitenden und aufstrebenden Körper- und Schönheitskult bieten besonders die körperbezogenen psychologischen Ansätze eine Grundlage der Diskussion um die Vernachlässigung des Behindertensports. Sportjournalisten, die stets von dieser jungen, dynamischen, perfekten (Body-)Welt erzählen, sie gewissermaßen mit aufbauen, dürften den Wert des Körperlichen entsprechend hoch einstufen. Sie könnten dementsprechend eine relativ hohe Angst vor einem persönlichen Verlust dieser Werte haben, was Interaktionsvermeidungen erklärbar machen würde.

Die Medien und der Behindertensport 37

1.2.4 Mangelnde Information der Medien

Die Kehrseite der Medaille: Viele Journalisten kritisieren die Informationspolitik des organisierten Behindertensports. Christoph Fischer, stellvertretender Chefredakteur des Sport-Informations-Dienstes (sid), forderte 1993 auf einer Diskussionsveranstaltung anlässlich der Reha-Messe in Düsseldorf öffentlich eine professionellere Informationsarbeit des DBS: „Wenn der Dachverband sogar angemahnt werden muss, Informationen zu übermitteln, dann darf man sich auf Seiten der Behindertensportler nicht wundern, dass sie sich in der Medienlandschaft nicht ausreichend berücksichtigt sehen".

Mit über 280.000 Mitgliedern einer der größten deutschen Sportverbände, verfügt der DBS über keinen Pressereferenten. Eine Position, die bei anderen Sportver-

Deutschlands schnellster Marathonläufer, der nichts sieht: Klaus Meyer. 2:50 Stunden braucht er für 42,195 km – und einen sehenden Begleitläufer, der da mitkommt

bänden dieser Größenordnung inzwischen selbstverständlich ist. Immerhin kümmert sich nun eine Agentur projektweise um die Öffentlichkeitsarbeit des Verbandes.

1.2.5 Vielfalt der Schadensklassen

Um die Chancengleichheit in den Sportarten und -disziplinen zu wahren, ist die Einteilung der Aktiven in sogenannte „Schadensklassen" eine wichtige Voraussetzung. Gleichwohl wird seit einigen Jahren auch im Behindertensport kontrovers darüber diskutiert. Bei den Paralympics 1992 gab es beispielsweise über die 100-Meter-Sprintstrecke 15 männliche Goldmedaillengewinner, nach unterschiedlicher Behinderung eingeteilt. So wird deutlich, dass nicht zuletzt auch die Klassenvielfalt einer besseren öffentlichen Darstellung des Behindertensports im Wege stehen dürfte. Publikumsfreundliche Überblicke lassen sich jedenfalls nur schwer schaffen. Seit einigen Jahren ist man bemüht, diese unüberschaubare Vielzahl von Klassen zu reduzieren. Schwer tun sich jedoch alle damit. Die Athleten, weil sie hin- und hergerissen sind zwischen persönlicher Erfolgsaussicht und öffentlicher Transparenz. Die klassifizierenden Ärzte, weil sie die Gerechtigkeit in medizinischem Sinn sichern müssen, und schließlich die Sportfunktionäre, die für Änderungen oder das Festhalten am System verantwortlich zeichnen. Ungeachtet der vielschichtigen Probleme scheint unter den Beteiligten Konsens zu herrschen, dass es der einzig richtige Weg sein kann, die Klassen zu reduzieren, obgleich dies für manchen wiederum mit sportlichen Nachteilen verbunden ist.

Auf nationaler sowie internationaler Wettkampfebene gibt es Bestrebungen, das Differenzierungssystem, welches zu den unzähligen Schadensklassen geführt hat, stärker nach funktionalen Gesichtspunkten einzuteilen. Die ersten Erfahrungen zeigen aber, dass auch hier noch große Probleme, die vor allem in einer sicheren und nicht anfechtbaren Bewertung der funktionalen Behinderung liegen, zu bewältigen sind. Erste Schritte in diese Richtung gibt es bereits im nordischen und alpinen Skisport. Ein Wertungssystem, dessen Grundidee im Vergleich der einzelnen Schadensklassen besteht, verrechnet die gefahrenen Zeiten mit einem Schadensklassenfaktor beziehungsweise gibt den stärker behinderten Athleten einen Zeitvorsprung mit auf den Weg. So soll ein objektiver Vergleich aller Sportler über die Schadensklassen hinweg möglich gemacht werden. Während im Skilanglauf der Zeitvorsprung noch einen transparenten Wettkampf ermöglicht, der Sieger eben zuerst über die Ziellinie fährt, ist die Situation im alpinen Skisport schwieriger, da erst anschließend die Zeiten mit dem Schadensklassenfaktor verrechnet werden. Das große Problem der Faktoren-Methode: die Werte für die einzelnen Behinderungsklassen müssen laufend neu berechnet werden, da sich die Leistungen dort zum Teil sehr unterschiedlich entwickeln.

„Wir werden nie dahin kommen, im Diskuswurf eine Goldmedaille für Frauen und eine für Männer zu verteilen. Das würde auch den Leistungen der Athletinnen und Athleten mit den verschiedensten Behinderungsarten nicht gerecht werden. Aber wir können die Schadensklassen sicherlich verdichten. Benachteiligungen wird es sicher immer geben. Aber: Ein 1,60 Meter großer Mann hat auch nicht die Anlage, ein toller Basketballspieler zu werden" (DBS-Präsident Theodor ZÜHLSDORF im Dezember 1997).

1.2.6 Selektionsprozesse der Medien

Allein schon aus technischen und pragmatischen Gründen müssen die Sportmedien aus der Fülle an Sportereignissen einige wenige selektieren. Sie können nur einen Bruchteil der Informationen, einen Ausschnitt aus dem Sportgeschehen weitergeben. Die Sportberichterstattung unterliegt dabei einem zweistufigen Selektionsmechanismus: Ereignisse, die medial vermittelt werden, sind für Rezipienten immer Ereignisse aus zweiter Hand. Die Realität wird zum einen durch die Konzentration auf populäre Sportarten und Spitzenvereine reduziert. Zum anderen erfolgt beim Bericht über ein jeweiliges Sportereignis eine Reduktion auf medienwirksame Höhepunkte (VOM STEIN 1987). Die Kritiker machen den Sportmedien den Vorwurf, in ihrer Berichterstattung die gesellschaftliche Komplexität des Sports zu verfälschen, den Sport nur einseitig abzubilden und insbesondere das große Feld des Freizeit- und Breitensports, aber auch den Schulsport, Betriebssport und den Behindertensport bewusst auszugrenzen. Der Ärger der Vernachlässigten ist verständlich: „Ein sportliches Ereignis, über das nicht berichtet wird, hat für die Öffentlichkeit gar nicht stattgefunden" (BINNEWIES 1983, 121).

Solange die realen Vorkommnisse nicht von jedem Menschen verfolgt werden können – und das ist in unserer komplexen und hochentwickelten Gesellschaft der Fall –, ist die Medienlandschaft die einzige Ansicht von der Welt, über die er verfügt. Inwieweit aber lassen die Medien ihr Publikum tatsächlich an Tatsachen teilhaben? Eines ist sicher: Medien können die Wirklichkeit nicht originalgetreu abbilden, selbst wenn sie diesen Anspruch verfolgen und sich darum bemühen. Medien konstruieren vielmehr ein völlig eigenständiges Wirklichkeitsbild, die

Bei großen Stadtmarathons nicht mehr wegzudenken: die Rollis

Medienrealität. Denn als wirklich ist nur das objektive Vorhandensein in der Außenwelt anzusehen. Schon das, was Menschen als faktisch bezeichnen, unterliegt der persönlichen Selektion. Jede Wahrnehmung eines Beobachters ist bereits eine Interpretation der Realität. Medien bieten nun eine soziale Wirklichkeit an, die neben Identifikation und Orientierung von Selektion geprägt ist. Aus der Fülle der täglichen Ereignisse werden Nachrichten und Meinungen ausgewählt, denen Nachrichtenwert und Bedeutung beigemessen werden. Indem sie Informationen aufnehmen, selektieren, verarbeiten und letztendlich vermitteln, wird den Medien eine aktive Rolle zuteil: Sie erzeugen eine Interpretation der Umwelt und konstruieren so eine eigene Wirklichkeit.

Medien bedienen sich, ähnlich wie Menschen, der Stereotype, um vorhandene Informationen und Sinneseindrücke zu strukturieren. Sie greifen bestimmte Themen auf, während sie andere ignorieren, und informieren in vereinfachter Form über komplexe Sachverhalte. Stereotype können in diesem Zusammenhang als vom Vorurteil bestimmte Vereinfachungen der Weltansicht, als Abwehrmechanismen gegen ungewohnte und unangenehme Informationen gesehen werden. Gemäß der „Agenda-Setting"-These wirken Medien aber nicht unmittelbar auf Einstellungen, Meinungen und Verhalten, sondern ihr Wirkungspotential wird auf einer Vorstufe der Beeinflussung eingeordnet. So mögen Medien nicht unbedingt darin erfolgreich sein zu vermitteln, was die Leute denken sollen, sondern eher, worüber sie zu denken haben (SCHENK 1987). Genau die Themen, die Medien auf die Tagesordnung setzen, werden spiegelbildlich dem Publikum bewusst und von diesem als bedeutend angesehen. So wirken die Massenmedien zunächst auf die Vorstellungen und das Wissen der Rezipienten zu einer bestimmten Thematik, zu denen das Publikum dann eigene Einstellungen, Meinungen und eigenes Verhalten entwickelt.

Natürlich gibt es noch andere plausible Ansätze darüber, wie Medien wirken. KEPPLINGER schreibt: „Die einzelnen Individuen setzen entsprechend ihren Medienkontakten und ihren subjektiven Dispositionen aus den Elementen ihrer Primärerfahrung und ihrer Sekundärerfahrung ihr mehr oder weniger individuelles

Bild der Wirklichkeit zusammen" (KEPPLINGER 1975, 27). Das grundlegende Defizit aller Überlegungen zur Medienwirkung ist allerdings ihre empirisch kaum zu testende Überprüfbarkeit. Auch die Sportberichterstattung interpretiert, selektiert und konstruiert so ihre eigene Sportwirklichkeit. Recht anschaulich wird die Sportmedienrealität von BECKER (1983) porträtiert. In seiner Bestandsaufnahme definiert er den Mediensport als eine perspektivisch rekonstruierte Sportwelt nach festen **Konstruktionsregeln:**

Demonstration von Leistung und Erfolg. Als besonders berichtenswert gelten alle Wettkämpfe und die damit zusammenhängenden Leistungsergebnisse in Form von Tabellen, Zeittafeln und Medaillenspiegeln.

Für den Behindertensport: *Das Bild des Sports, auch in der reflektierenden Hintergrundberichterstattung, wird durch einen Leistungsfetischismus bestimmt. Auch in der Berichterstattung über Behindertensport ist das Leistungsdenken bestimmend, ist allerdings stark mit einer Mitleidskomponente verknüpft. Stets ist die Rede davon, wie der behinderte Sportler trotz seiner Behinderung diese Leistung vollbracht hat. Ein journalistisches Mitleids-Stereotyp wird über die Behindertensportberichterstattung gestülpt. So erscheint es bisweilen fraglich, ob die erbrachte Leistung eines behinderten Sportlers auch nur annähernd objektiv bewertet und richtig vermittelt wird. Behinderung und Leistung allein, das scheint nicht zusammenzupassen. Mitleid und Behinderung schon. Deshalb dürfte es „Trotzdem-Athleten" geben.*

Krisen und Krisensymptome. Insbesondere Krisen und Probleme mit nationalem oder internationalem Bezug erhalten vermehrte Aufmerksamkeit.

Diese Regel bewies ihre Gültigkeit auch für den Behindertensport, als beispielsweise die Berichterstattung über einen gedopten Behindertensportler bei den Paralympics 1992 in den Vordergrund rückte. Auch als der Deutsche Behinderten-Sportverband nach seiner defizitären Leichtathletik-WM 1994 in Berlin finanzielle Sorgen hatte, sorgte das für Interesse.

Die Medien und der Behindertensport 43

Human Interest. Alle Geschehnisse am Rande von Sportereignissen, die sich mit einzelnen Persönlichkeiten, Prominenten etc. beschäftigen und distanzmindernden Einblick in die Welt des sportlichen Erfolgs ermöglichen, erhalten höhere Nachrichtenattraktivität.

Da es nur wenige überregional bekannte behinderte Sportler gibt, wird ihnen unter dem Gesichtspunkt des Human Interest auch kein hoher Nachrichtenwert beigemessen. Meldungen über behinderte Sportler, abseits vom aktuellen Wettkampfgeschehen, sind in der überregionalen Sportberichterstattung so gut wie nicht zu finden.

Personalisierung. Personen stehen im Zentrum des Interesses. Nicht die Struktur sportlichen Geschehens, seine Bedingungen, sondern die Möglichkeit der Identifizierung mit einzelnen Persönlichkeiten sind von Bedeutung für die Berichterstattung.

Gerade die für den Nichtbehinderten aufgrund diverser – durch die Behinderung hervorgerufenen – Ängste und Abwehrmechanismen anscheinend schwierige Identifikation mit dem Behindertensportler könnte einer der Gründe für eine eher ablehnende Haltung der Sportmedien zur Behindertensportberichterstattung sein.

Zusammenfassung:

Zwar wird Behindertensport mittlerweile durchweg im Sportressort behandelt, doch wichtige nationale und internationale Meisterschaften außerhalb der Paralympics bleiben weiterhin meist außen vor. Dabei nimmt das Fernsehen aufgrund seiner besonderen Verflechtung mit der Werbeindustrie einen Sonderstatus ein.

Offensichtlich besteht ein Missverhältnis zwischen Behinderung und der Form von Unterhaltung, wie sie die Sportberichterstattung liefern möchte. Da Körperbehinderungen bei Nichtbehinderten Angstreaktionen erzeugen können, verletzt der behinderte Sportler soziale Werte der schönen nichtbehinderten Sportwelt und wird vernachlässigt. In diesem Zusammenhang liefern gerade körperbezogene Ansätze der Einstellungsforschung zu behinderten Menschen eine Diskussionsgrundlage. Daneben bieten dürftige Öffentlichkeitsarbeit sowie das Behindertensportsystem mit seinen unzähligen Schadensklassen reichlich Erklärungsmodelle für eine Zurückhaltung der Medien.

2 Die Untersuchung

Im zweiten Kapitel:

Mit Hilfe von Fragebogenuntersuchungen bei Sportjournalisten und Rezipienten wurde nach Faktoren geforscht, welche die Berichterstattung über Behindertensport beeinflussen. Neben diversen Einstellungsmerkmalen wurden dabei auch die Faktoren „Schadensklassenproblematik" und „mangelnde Information der Medien" sowie der Einfluß demographischer Merkmale überprüft.

Die Darstellung der Untersuchung gliedert sich im Folgenden in fünf Teile. Zunächst werden die grundlegenden Ziele und Fragestellungen der Untersuchung sowie die untersuchten Einstellungs-Facetten genauer erläutert. Im Abschnitt „Methodik und Stichproben" wird danach der detaillierte Untersuchungsaufbau beschrieben. Anschließend werden in zwei Abschnitten die Forschungsergebnisse dargestellt. Bei der Auswertung der Untersuchung kristallisierten sich vier charakteristische Merkmale heraus, welche die Berichterstattung über Behindertensport offenbar nachhaltig beeinflussen: die Einstellung „Fremdartigkeit" bei Journalisten, die Einstellung „Unsicherheit" der Rezipienten, die Schadensklassenproblematik im Behindertensport sowie die defizitäre Information der Medien durch den organisierten Behindertensport. Im ersten Ergebnis-Abschnitt werden daher ausschließlich diese vier charakteristischen Merkmale betrachtet, im zweiten stehen dann die Ergebnisse aller Einstellungs-Facetten bei Sportjournalisten und Rezipienten im Mittelpunkt, die beiden Untersuchungsstichproben werden miteinander verglichen und der Einfluß demographischer Daten wird aufgezeigt. Im letzten Abschnitt dieses Kapitels werden die Untersuchungsergebnisse schließlich perspektivisch diskutiert.

2.1 Ziele und Fragestellungen

Das vorrangige Ziel unserer Untersuchung bestand darin, mögliche Gründe für die „andere" Berücksichtigung des Behindertensports in den deutschen Sportmedien zu eruieren und erstmals wissenschaftlich zu belegen. Über eine empirische Einstellungsmessung bei Sportjournalisten sollte ein erster Einblick erfolgen. Da die Medienvertreter, wenn sie nicht berichten, unter anderem mit dem „mangelnden Interesse des Publikums" argumentieren, wurde auch eine Gruppe von Sport-Rezipienten auf ihre Einstellungen zum Behindertensport hin überprüft.[4]

Zur Einstellungsmessung erschien uns eine Fragebogenerhebung am geeignetsten. Der von uns konstruierte Fragebogen basiert im Wesentlichen auf den ermittelten Einstellungen zu Behinderten (JANSEN 1981) und aus persönlichen Gesprächen mit Sportjournalisten. Bei der dieser Untersuchung zugrundeliegenden Arbeit von JANSEN (1981) handelt es sich um eine auf psychologischen und sozialpsychologischen Ansätzen beruhende Untersuchung zur Einstellung gegenüber Körperbehinderten, die sich an der Forschung von SILLER et al. (1967a) orientiert. Wesentliche Erkenntnis war hier, dass die Öffentlichkeit über die Situation Körperbehinderter weitgehend uninformiert ist. Daneben scheint in der Einstellung zu Körperbehinderten die affektive Komponente eine entscheidende Rolle zu spielen. Das äußere Erscheinungsbild vieler Körperbehinderter erregt bei der Mehrzahl der Nichtbehinderten Abscheu, wird als abstoßend empfunden. Ebenfalls bedeutsam ist die Aktions- oder Handlungskomponente; in ihr zeigen sich vorwiegend Tendenzen, die Körperbehinderten zu isolieren oder zumindest einer Begegnung auszuweichen. Nur selten beinhaltet die Aktionskomponente die Tendenz, auf den Körperbehinderten zuzugehen, mit ihm persönlich zu werden. Die kognitive Komponente beinhaltet im wesentlichen Rationalisierungsmechanismen, die ebenfalls bipolar sind: Entweder werden Beeinträchtigungen durch

---

[4] Gemäß ihrem Selbstverständnis orientieren sich Medien in der Zusammensetzung ihrer Inhalte an den Wünschen und Interessen des Rezipienten. Also soll überprüft werden, ob die Vernachlässigung des Behindertensports in der Sportberichterstattung einen fundierten Publikumsursprung hat.

Die Untersuchung 47

die Körperbehinderung geleugnet, es werden vielmehr den Körperbehinderten besondere Begabungen und Fähigkeiten zugeschrieben, oder es wird dem Körperbehinderten eine Vielzahl von negativen Persönlichkeitseigenschaften nachgesagt. In beiden Fällen dienen die Rationalisierungsmechanismen der Entlastung. Diese Entlastung ist notwendig, da der Nichtbehinderte in der Begegnung mit dem Körperbehinderten bis an die Grenze der Verhaltenssteuerung verunsichert wird. Er läuft Gefahr, seine persönliche Integrität zu verlieren.

JANSEN (1981) möchte seine Ergebnisse als eine phänomenologische Analyse des gesammelten Materials verstanden wissen. Er zeigt den dynamischen Verlauf dessen, was sich im Nichtbehinderten bei der Konfrontation mit einem Körperbehinderten oder dem gesellschaftlichen Problem des Behindertseins vollzieht, und unterscheidet in insgesamt acht Ergebnis-Punkte. Diese dienten unserem Fragebogen als Basis von sieben zu untersuchenden **Einstellungs-Facetten** und einer **Einstellungs-Determinante** (Engagement):

1. **Die Fremdartigkeit, das Gefühl des Abgestoßenseins**

Für die meisten Menschen ist die Begegnung mit einem Körperbehinderten eine Ausnahmesituation. Sobald diese wieder ins Gedächtnis gerufen wurde, kam es in der Regel zu spontanen, emotional gefärbten Aussprüchen. Diese Aussprüche gingen überwiegend in zwei Richtungen, entweder die des Mitleids, der Erschütterung oder in die des Ekels und des Abscheus. Am deutlichsten wird letztere Reaktion, wenn die körperliche Andersartigkeit nicht durch Kleidung verdeckt werden kann, z.B. in der Badeanstalt. Auch Fernsehsendungen, bei denen schwer fehlgebildete Kinder gezeigt wurden, haben nach Aussagen der Befragten bei ihnen zu ähnlichen Reaktionen geführt. Das veränderte äußere Erscheinungsbild scheint nicht in die Vorstellungen zu passen, die viele Nichtbehinderte von einem menschlichen Gegenüber haben. Der Anblick wird als unharmonisch und unästhetisch empfunden. Einen „schönen" Körperbehinderten konnte sich keiner der Befragten vorstellen.

2. Die Unsicherheit

Die subjektiv hilflose und hilfsbedürftige Erscheinung eines Körperbehinderten scheint auch dessen nichtgehandikapten Gegenüber in eine zunächst hilflose Position zu bringen. Er hat für diese Begegnung kein Verhaltensmuster zur Verfügung, das es ihm erlaubt, wie mit einem nichtbehinderten Menschen zu verkehren. Die Körperbehinderung scheint so dominant, dass sie auf die Gesamtpersönlichkeit des Gegenübers übertragen wird; der Nichtbehinderte läuft in der Konfrontation Gefahr, seine persönliche Integrität zu verlieren. Begegnet er einem Behinderten, ist der Nichtbehinderte der Unterlegene, der durch das „unvorhergesehene Ereignis" geschockt und damit zunächst einmal handlungsunfähig wird.

3. Die Last der Verantwortung

Die Unsicherheit wird dadurch verstärkt, dass sich der Nichtbehinderte herausgefordert fühlt. Er spürt eine gewisse Verpflichtung, befürchtet aber gleichzeitig, dass sich aus Hilfeleistungen eine zu intensive Bindung entwickeln könnte, der er dann nicht mehr gewachsen ist. Deshalb bleibt ein Kontakt in der Regel auch sehr oberflächlich. Das Gefühl der Verpflichtung – die man im Grunde gar nicht bereit ist einzugehen – bringt den Nichtbehinderten aus seinem seelischen Gleichgewicht. Er muß nun nach verschiedenen Verarbeitungsmechanismen suchen, um dieses Gleichgewicht wiederherzustellen.

4. Die Tendenz zur Vermeidung der Begegnung

Die spontanste und einfachste Reaktion ist freilich die, den Behinderten zu übersehen. Letztlich rührt auch der Gedanke der Euthanasie, von dem sich nur die wenigsten Befragten völlig freimachen konnten, aus der Tendenz, einer Konfrontation zu entgehen.

5. Bagatellisierung des Problems

Stellen sich der Euthanasie-Tendenz, die Behinderten einfach aus der Welt zu schaffen, zu starke ethische und moralische Bedenken entgegen, so wird oft versucht, den Behinderten ein erfülltes Leben zuzuschreiben. Die Behinderung und ihre Konsequenzen werden bagatellisiert, die Problematik negiert. So werden Körperbehinderten auf nicht-motorischen Gebieten oft besondere Fähigkeiten zugetraut; ersatzweise sollen sie mit anderen Begabungen gesegnet sein. Gelegentlich wird auch angeführt, dass jeder ein gewisses Maß an Leid zu tragen habe und dass es den Körperbehinderten im Grunde gar nicht schlechter gehe als einem selbst. Mit solchen Aussagen entlastet man sich natürlich ebenfalls von jeglicher Verantwortung.

6. Die unpersönliche Hilfe

Dass es oft notwendig ist, Behinderten zu helfen, wird vielfach erkannt, doch werden häufig Wege gegangen, die nicht mit einer persönlichen Konfrontation verbunden sind. Man glaubt, selbst dafür nicht geeignet zu sein. Spenden, das „Sich-Loskaufen", dienen hier als probates Mittel. Je unpersönlicher eine Hilfeleistung ist, um so eher wird sie akzeptiert.

7. Das Mitleid

Für viele Nichtbehinderte scheint das Mitleid eine der Möglichkeiten zu sein, mit der Verunsicherung fertig zu werden. Indem sie den Behinderten mit Hilfe überschütten – egal ob dieser das will oder nicht –, fühlen sie sich im Grunde nicht mehr genötigt, auf ihn einzugehen.

8. Das Engagement

Für JANSEN war es besonders bedeutsam zu erfahren, welche Motive bei solchen Personen eine Rolle gespielt haben, die sich ganz bewusst und intensiv der Konfrontation mit Körperbehinderten gestellt haben (Lehrkräfte einer Sonderschule). Das wichtigste Ergebnis war, dass auch diese Personen zugaben, zumindest am Anfang ihrer Tätigkeit, solche Reaktionen wie Abscheu, Ekel und Unsicherheit bei sich festgestellt zu haben. Nach den Aussagen der Befragten bildeten vor allem das Mitgefühl und der Wille zum Helfen das Hauptmotiv für ihre Tätigkeit. Allerdings wurde auch mitgeteilt, dass der Anpassungsprozess sehr langwierig und schwierig gewesen sei. Wichtig dürfte vor allem die Erkenntnis sein, dass die Anpassung an die Körperbehinderten um so besser vonstatten geht, wenn hinter der Behinderung eine Persönlichkeit mit all ihren Eigenheiten gesehen wird. Je mehr es gelingt, im Kontakt mit einem Körperbehinderten nicht primär die Behinderung, sondern zunächst den Menschen – der zufällig auch körperbehindert ist – zu sehen, desto geringer scheinen die vorgenannten Punkte ausgeprägt zu sein.

2.2 Methodik und Stichproben

2.2.1 Vorgehensweise

Dieser Studie lag die Prämisse zugrunde, dass die Defizite in der Berichterstattung über Behindertensport maßgeblich von drei Faktoren (Einstellungen, Schadensklassenvielfalt, Informationsdefizit) ausgehen, wobei der Erforschung der Einstellungen unsere besondere Beachtung galt.

Zu jedem Einstellungsfaktor (siehe Kapitel 2.1) wurden den Probanden mittels des Fragebogens drei Feststellungen zur Bewertung vorgelegt, wovon ausschließlich die aussagekräftigste für die Messung der Einstellungsfacette verwendet wurde.[5]

Fragebogen ermitteln, wie Menschen in bestimmten Untersuchungssituationen über ihr eigenes Verhalten, ihre Einstellungen und ihre Auffassungen berichten. Sie werden gebeten, ein Urteil über sich selbst abzugeben. Die Ergebnisse einer Fragebogenuntersuchung sind deshalb als nicht so gültig einzustufen wie die Maßzahlen objektiver Testverfahren. Viele innere und äußere Einflüsse auf das Antwortverhalten führen dazu, dass die Ergebnisse vielmehr als Produkt der verschiedenen Einflüsse zu werten sind und damit stets zu interpretierten Tatbeständen werden. Ein kausaler Zusammenhang zwischen Einstellung und Verhalten wird seitens vieler Forscher in Frage gestellt. Andererseits hat die Einstellungsforschung – bei allen ihren methodischen Unzulänglichkeiten – viel für diesen Forschungssektor getan. Gerade Erkenntnisse zu Einstellungen und insbesondere zur sozialen Reaktion gegenüber Behinderten, sind nur unter großen Schwierigkeiten durch objektive Testverfahren zu gewinnen.

---

[5] Siehe hierzu nähere Erläuterungen im Anhang (Kapitel 7.1).

Die Untersuchung 51

Bei den Hypothesenprüfungen handelt es sich vornehmlich um Vergleiche der Beantwortung von sog. Grundfragestellungen (siehe Kapitel 2.2.1.1 und 2.2.1.2) mit den weiterhin ermittelten Daten[6] (siehe auch Abb. 1 und 2). Mit Hilfe einfaktorieller Varianzanalysen wurden hier unterschiedliche Ausprägungen der verschiedenen Einstellungsmerkmale und des Engagements innerhalb der Grundfragestellungen auf eine etwaige Signifikanz geprüft. Die Verbindung zwischen der Meinung zur Schadensklassenproblematik sowie der Meinung zur Informationspolitik des organisierten Behindertensports und den Grundfragestellungen wurde mit einem Chiquadrat-Test ermittelt.

2.2.1.1 Sportjournalisten-Untersuchung

Grundfragestellungen (unabhängige Variablen)
Bei den Sportjournalisten wurde zum einen hinterfragt, ob sie schon einmal über Behindertensport berichtet haben. Die zweite Grundfragestellung beschäftigte sich mit dem generellen Wunsch, über Behindertensport zu berichten. Über den statistischen Vergleich dieser Grundfragestellungen mit den möglichen Einflussfaktoren (abhängige Variablen) sollten dann Ursachen journalistischer Handlungstendenzen aufgezeigt werden.

Einflussfaktoren (abhängige Variablen)
Insgesamt wurden fünf mögliche Einflussfaktoren zur Situation der Behindertensportberichterstattung untersucht:

- Einstellungen der Sportjournalisten zu Behindertensportlern
  1. *Fremdartigkeit*
  2. *Unsicherheit*
  3. *Die Last der Verantwortung*

---

[6] Aus Gründen der Übersicht wurden die Antwortkategorien „Stimmt nicht"/„Stimmt eher nicht" sowie „Stimmt eher"/„Stimmt vollständig" bei der prozentualen Darstellung der Ergebnisse nachfolgend als Ablehnung respektive Zustimmung erfasst. Der jeweils angegebene Mittelwert (M) ergibt sich aus den fünf Beantwortungsmöglichkeiten (1 = Stimmt nicht; 2 = Stimmt eher nicht; 3 = Habe keine Meinung; 4 = Stimmt eher; 5 = Stimmt vollständig).

4. *Die Tendenz zur Vermeidung der Begegnung*
5. *Bagatellisierung des Problems*
6. *Die unpersönliche Hilfe*
7. *Das Mitleid*

- Engagement
- Schadensklassenvielfalt
- Mangelnde Information seitens des Behindertensports
- Demographische Daten

Der erste Ergebnis-Abschnitt (Kapitel 2.3) beschäftigt sich mit folgenden Merkmalen aus diesem Variablenkomplex für Sportjournalisten:

- Einstellung: Fremdartigkeit
- Schadensklassenvielfalt
- Mangelnde Information seitens des Behindertensports

Alle weiteren Einflußfaktoren werden im zweiten Ergebnisabschnitt (Kapitel 2.4) betrachtet.

Die Untersuchung 53

```
┌─────────────────────┐                    ┌─────────────────────┐
│  Behindertensport-  │◄──────────────────►│    Wunsch nach      │
│  Berichterstattung  │                    │  Berichterstattung  │
└─────────────────────┘                    └─────────────────────┘
         ▲                                           ▲
         │      ┌───────────────────┐                │
         │      │   Einstellungen   │                │
 ┌───────────┐  ├───────────────────┤  ┌──────────┐  │
 │Schadensklassen│  │                   │  │Geschlecht│  │
 └───────────┘  │                   │  └──────────┘  │
 ┌───────────────┐│  Fremdartigkeit   │  ┌──────┐    │
 │Info der Journalisten││  Unsicherheit     │  │ Alter│    │
 └───────────────┘│  Last der         │  └──────┘
                 │  Verantwortung    │
                 │  Vermeidung der   │
                 │  Begegnung        │
                 │  Bagatellisierung │
                 │  Unpersönliche Hilfe│
                 │  Mitleid          │
                 └───────────────────┘
```

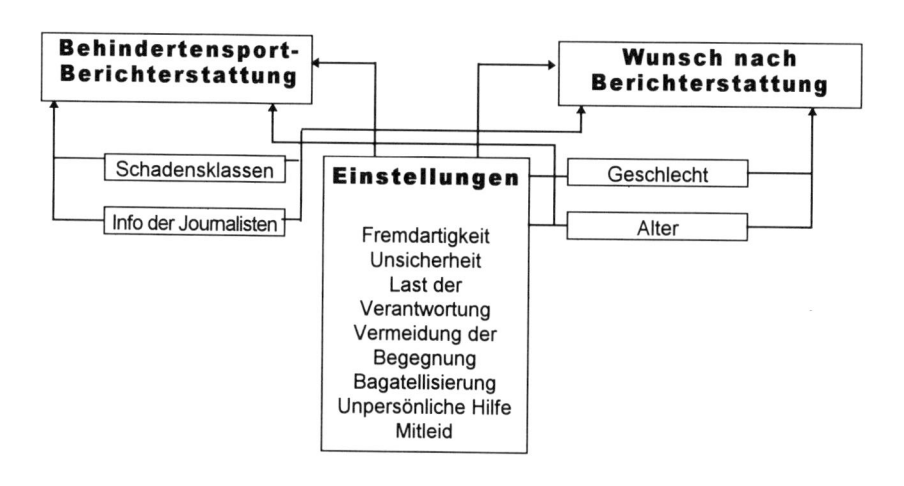

Abb. 1: Merkmalsbereiche der Sportjournalisten-Untersuchung

2.2.1.2 Rezipienten-Untersuchung

Grundfragestellungen (unabhängige Variablen)
Die erste Grundfragestellung untersuchte, inwieweit Rezipienten Behindertensport bislang in den Medien verfolgt haben. Mit der zweiten Grundfragestellung wurde das generelle Interesse an solchen Berichten überprüft.

Einflussfaktoren (abhängige Variablen)
Im Gegensatz zu den Sportjournalisten erschien es bei dieser Stichprobe wenig sinnvoll, die Variablen „Schadensklassenvielfalt" und „Informationsfluss durch den organisierten Behindertensport" zu überprüfen, da davon auszugehen war, daß hier im allgemeinen keine spezifischen Kenntnisse zu diesen Themen vorliegen dürften. Aus diesem Grund reduzierte sich bei den Rezipienten die Kontrolle möglicher Einflussfaktoren auf die Behindertensportberichterstattung auf drei abhängige Variablen:

- Einstellungen der Rezipienten zu Behinderten(sportlern)
  1. *Fremdartigkeit*
  2. *Unsicherheit*
  3. *Die Last der Verantwortung*
  4. *Die Tendenz zur Vermeidung der Begegnung*
  5. *Bagatellisierung des Problems*
  6. *Die unpersönliche Hilfe*
  7. *Das Mitleid*

- Engagement
- Demographische Daten

Der erste Ergebnis-Abschnitt (Kapitel 2.3) beschäftigt sich aus diesem Variablenkomplex für die Rezipientenstichprobe nur mit der

- Einstellung: Unsicherheit

Alle weiteren Einflußfaktoren werden im zweiten Ergebnisabschnitt betrachtet.

```
┌─────────────────────────┐              ┌─────────────────────────┐
│   Behindertensport      │              │   Interesse an einer    │
│   in Medien verfolgt    │              │   Berichterstattung     │
└─────────────────────────┘              └─────────────────────────┘
            ↘                              ↙              ↑
              ┌─────────────────┐    ┌──────────────┐
              │  Einstellungen  │◄───│  Geschlecht  │
              └─────────────────┘    └──────────────┘
                                     ┌──────────────┐
              │  Fremdartigkeit │◄───│     Alter    │
              │  Unsicherheit   │    └──────────────┘
              │  Last der       │
              │  Verantwortung  │
              │  Vermeidung der │
              │  Begegnung      │
              │  Bagatellisierung│
              │  Unpersönliche Hilfe│
              │  Mitleid        │
              └─────────────────┘
```

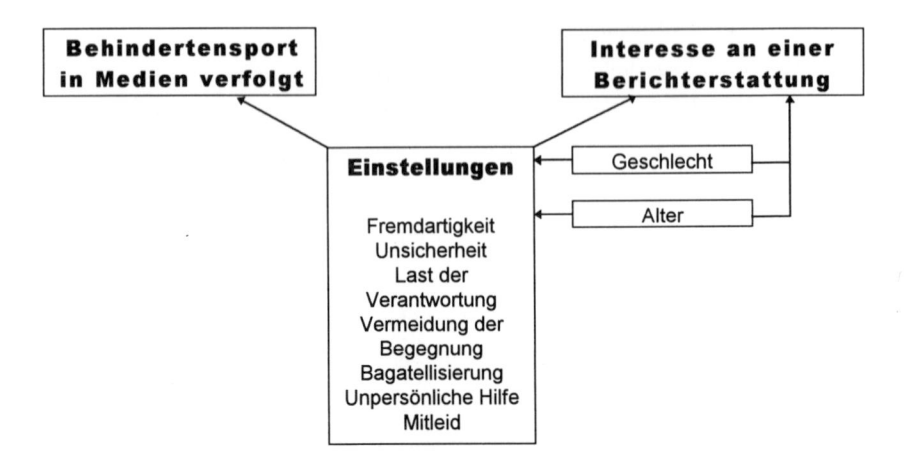

Abb. 2: Merkmalsbereiche der Rezipienten-Untersuchung

Die Untersuchung 55

2.2.2 Stichproben
2.2.2.1 Stichprobenerhebung

Für die Stichprobe der Sportjournalisten wurden fünfzig Versuchspersonen aus dem alphabetischen Verzeichnis des „Sportjournalisten-Taschenbuchs" des Verbandes Deutscher Sportjournalisten (Ausgabe 1994) durch eine einfache Zufallsstichprobe ausgewählt.[7] Innerhalb der Stichprobe war die Zahl der erfaßten weiblichen Journalisten (N = 3; 6 Prozent) relativ gering, doch das entspricht der Verteilung in der Population. Im gesamten Verzeichnis waren nur 186 Frauen aufgeführt (6,06 Prozent). Das Alter der Versuchspersonen lag zwischen 25 und 77 Jahren.

Die ausgewählten Sportjournalistinnen und Sportjournalisten wurden in einer ersten telefonischen Ansprache (zumeist in der Redaktion) gebeten, an der Fragebogen-Untersuchung teilzunehmen. Zeigten sie sich einverstanden, bekamen sie den Fragebogen unmittelbar danach zugefaxt. Die Anwort sollte ebenfalls per Fax erfolgen. Diese kombinierte Telefon-Fax-Methode wurde in erster Linie aufgrund ihrer Flexibilität ausgewählt. Einige wissenschaftliche Untersuchungen berichteten nämlich von erheblichen Schwierigkeiten bei Fragebogen-Erhebungen in Redaktionen. EMIG (1987) beklagt eine berufsspezifisch bedingte geringe Rücklaufquote bei der postalischen Versendung von Fragebogen und lehnt deshalb eine schriftliche Befragung von Redaktionsmitgliedern ab. Genauer auf die Schwierigkeiten bei Fragebogen-Erhebungen in Redaktionen geht DYGUTSCH-LORENZ (1971) ein. Hier wurde angemerkt, dass bei Massenmedien ein Interesse an empirischer Forschung nicht vorausgesetzt werden könne, was unter anderem auf folgende Faktoren zurückzuführen sei: Skepsis gegenüber dem mit wissenschaftlichem Anspruch auftretenden Redaktions-Außenseiter, Befürchtungen hinsichtlich der Aufdeckung gewisser Interna sowie die zusätzliche arbeitsmäßige Belastung.

---

[7] Im Verzeichnis (in dem auch Nicht-VDS-Mitglieder aufgeführt sind) waren 3.069 Sportjournalisten angegeben. Um auf den festgelegten Stichprobenumfang zu kommen, wurde nach Ziehen einer Zufallszahl (1 bis 61) jeder 61ste Fall (3.069:50 = 61,38) ausgewählt.

Zeit ist gerade im Mediengeschäft ein knappes Gut. Bei einer Umfrage per Fax können die Medienvertreter Zeit und Ort ihrer Antwort nach wie vor selbst bestimmen, werden aber über den hohen Erinnerungswert des spätestens fünf Minuten nach dem Telefongespräch eintreffenden Faxes zur schnellen Beantwortung angeregt. Bei einige Tage später eintreffender Post erschien uns die Gefahr höher, daß die Beantwortung des Fragebogens verschoben und dann möglicherweise ganz vergessen wird.

Um die Sportrezipienten-Stichprobe zu rekrutieren, wurden über eine einfache Fragebogenverteilung dreißig Rezipienten erhoben (einfache Klumpenstichprobe auf der Bahnstrecke zwischen Frankfurt am Main und Gelnhausen). Bejahten die ausgewählten Personen die Eingangsfrage „Interessieren Sie sich für Sport?", wurden sie gebeten, den Fragebogen noch im Zug auszufüllen. Ingesamt gehören der Stichprobe 14 Frauen und 16 Männer an, die zwischen 18 und 57 Jahre alt waren.

2.2.2.2 Stichprobenbeschreibung

Von den fünfzig ausgewählten Sportjournalisten wurden letztlich 48 mit dem Fragebogen erreicht. Eine Versuchsperson bat darum, den Fragebogen per Post zu erhalten, 47-mal wurde der Fragebogen zugefaxt. Anders als vermutet, war die Rücklaufquote der Fragebogen außerordentlich hoch. Die in anderen Untersuchungen angeführten Schwierigkeiten bei Fragebogenerhebungen in Redaktionen stellten sich bei unserer kombinierten Telefon/Fax-Methode nicht ein. 42 Fragebogen (87,5 Prozent) wurden innerhalb einer Zeitspanne von drei Wochen zurückgeschickt. Davon gingen 36 Fragebogen per Fax retour (85,7 Prozent), deren sechs (14,3 Prozent) auf dem postalischen Weg, der als Alternative angeboten wurde. Von den 44 innerhalb von drei Tagen versandten Fragebogen (vier Personen konnten erst später erreicht werden) waren nach einer Woche bereits 27 Fragebogen zurückgekommen. Aufgrund dieser hohen Quote (61,4 Prozent) entschlossen wir uns, bei den 17 noch ausstehenden Personen telefonisch nachzufragen. Dabei stellte sich heraus, dass der Fragebogen aufgrund von Übertragungsschwierigkeiten einmal unleserlich und einmal überhaupt nicht angekommen

Die Untersuchung 57

war. Diesen beiden Versuchspersonen wurde der Fragebogen erneut per Fax zugeschickt. Von den 17 Personen, bei denen telefonisch noch einmal nachgefragt wurde, kamen innerhalb von zwei Wochen zwölf Fragebogen zurück (70,6 Prozent), so daß letztlich der Gesamt-Rücklauf von 42 Bogen zu verzeichnen war. Die Wirksamkeit des „Erinnerungstelefonats" bestätigt dessen Bedeutung für diese Stichprobenerhebungsmethode.

Unter den 42 Versuchspersonen befanden sich drei Frauen und 39 Männer. Der Altersmittelwert der Sportjournalistenstichprobe lag bei 44,9 Jahren, der Altersmedian bei 42,5 Jahren. Orientiert man sich am aufgerundeten Median von 43 Jahren, so ergibt sich die in Tabelle 1 aufgeführte Altersverteilung.

Altersgruppe	Männer N (%)	Frauen N (%)	N (%)
N < 43 Jahre	19 (48,7)	2 (66,7)	21 (50)
N ≥ 43 Jahre	20 (51,3)	1 (33,3)	21 (50)
N (gesamt/Geschlecht)	39 (100)	3 (100)	42 (100)

Tab. 1: Altersverteilung des Geschlechts bei der Sportjournalistenstichprobe

Die Verteilung nach Alter und Geschlecht, bezogen auf die Medienzugehörigkeit ist aus Tabelle 2 zu ersehen. Die 25 Tageszeitungsjournalisten nehmen den größten Teil der Stichprobe ein (59,5 Prozent). Es folgen die Fernsehkollegen (N=8 / 19 Prozent) und die Hörfunk-Sportjournalisten (N=5 / 11,9 Prozent). Drei Versuchspersonen waren bei Magazinen beschäftigt (7,1 Prozent), ein Journalist (2,4 Prozent) arbeitete für eine Nachrichtenagentur.

Was die Rezipientenstichprobe anbelangt, konnte die vorab bestimmte Stichprobengröße (30 Versuchspersonen) problemlos erhoben werden. Die ausgefüllten Bögen wurden noch während der Bahnfahrt eingesammelt.

Geschlecht	Männer N (%)	Männer N (%)	Frauen N (%)	Frauen N (%)	Ges. Med. N (%)
Alter	< 43	≥ 43	< 43	≥ 43	
Medium:					
TV	4 (21)	4 (20)	0	0	8 (19)
Radio	2 (10,5)	2 (10)	1 (50)	0	5 (11,9)
Tageszeitung	12 (63,2)	11 (55)	1 (50)	1 (100)	25 (59,5)
Magazin	1 (5,3)	2 (10)	0	0	3 (7,1)
Agentur	0	1 (5)	0	0	1 (2,4)
N (Alt./Gesch.)	19 (100)	20 (100)	2 (100)	1 (100)	42 (100)

Tab. 2: Medienzugehörigkeit nach Alter und Geschlecht

Die 30 Probanden teilten sich in 14 weibliche (46,7 Prozent) und 16 männliche Versuchspersonen (53,3 Prozent) auf. Der Altersmittelwert der Stichprobe lag bei 34 Jahren, der Median bei 30 Jahren. Die Altersverteilung hinsichtlich des Geschlechts zeigt Tabelle 3.

Altersgruppe	Männer N (%)	Frauen N (%)	Alter N (%)
N < 30 Jahre	10 (62,5)	6 (42,9)	16 (53,3)
N > 30 Jahre	6 (37,5)	8 (57,1)	14 (46,7)
N (Geschlecht)	16 (100)	14 (100)	30 (100)

Tab. 3: Altersverteilung des Geschlechts der Rezipienten

2.2.3 Die Ergebnisse der Grundfragestellungen

35 Sportjournalisten (83,3 Prozent) antworteten auf die erste Grundfragestellung (*Ich habe schon über Behindertensport berichtet*) mit Zustimmung. Mit „Stimmt nicht" antworteten sieben (16,7 Prozent). Die zweite Grundfragestellung (*Ich würde solche Termine gerne des Öfteren wahrnehmen*) wurde zu 61,9 Prozent

Die Untersuchung 59

(N = 26) mit „Stimmt" beantwortet, „Stimmt nicht" gaben 16 Sportjournalisten (38,1 Prozent) an.

Von den Rezipienten stimmten der ersten Grundfragestellung (*Sie haben schon Behindertensport in den Medien verfolgt*) 25 Befragte (83,3 Prozent) zu. Ebenso viele verliehen ihrem Interesse an mehr Behindertensport in den Medien Ausdruck (Grundfragestellung 2: *Solche Berichte sollten öfter gebracht werden*). Die Kontroll-Fragestellung bestätigte diesen hohen Wert: 73,3 Prozent der Rezipienten würden das Fernsehprogramm nicht wechseln, wenn eine längere Behindertensportreportage anstünde (siehe auch Tabelle 4).

Stichproben	Grundfragestellung N (%)	
Journalisten	Berichterstatter 35 (83,3) **J-Bericht**	Keine Berichterstatter 7 (16,7) **J-kein Bericht**
Journalisten	Berichte erwünscht 26 (61,9) **J-Wunsch**	Berichte nicht erwünscht 16 (38,1) **J-kein Wunsch**
Rezipienten	Berichte verfolgt 25 (83,3) **R-Bericht**	Berichte nicht verfolgt 5 (16,7) **R-kein Bericht**
Rezipienten	Berichte erwünscht 25 (83,3) **R-Wunsch**	Berichte nicht erwünscht 5 (16,7) **R-kein Wunsch**

Tab. 4: Häufigkeitsverteilung der Teilstichproben (N_J = 42, N_R = 30)

2.2.4 Methodische Probleme
2.2.4.1 Soziale Erwünschtheit

Fragebogen sind „reaktive" Messinstrumente – die antwortende Person kann das Ergebnis der Messung selbst wissentlich oder unbeabsichtigt beeinflussen. Ein Fragebogen fordert lediglich dazu auf, ein subjektives Urteil zu einer ganz persönlichen Sache abzugeben. Erfährt die befragte Person, dass ihr prinzipiell nicht nachprüfbares Urteil gefragt ist, und weiß sie beispielsweise, dass sie beobachtet wird und Objekt einer wissenschaftlichen Untersuchung ist, steht ihr jederzeit die Möglichkeit offen, eine Antwort in eine bestimmte Richtung hin zu beeinflussen (MUMMENDEY 1987). Eine solche Reaktion wird auch als Antworttendenz bezeichnet. An und für sich ist dieser Begriff wertneutral. So kann durchweg eher beschönigend geantwortet werden, oder die Versuchsperson kann aus irgendeinem Grunde dazu neigen, sich möglichst ungünstig zu präsentieren. Generell ist jedoch davon auszugehen, dass Antworten gegeben werden, von denen die Versuchsperson annimmt, sie würden sie in ein gutes Licht stellen. Dieses Phänomen wird als „Soziale Erwünschtheit" (Social Desirability) bezeichnet. So nehmen die Befragten an, der Fragesteller würde positiver von ihnen denken, wenn sie einen bestimmten, kulturell oder moralisch hochbewerteten Standpunkt einnehmen (LEWIN 1986).

Bedeutsam für die Soziale Erwünschtheit sind nicht zuletzt soziale Normen. Im Falle dieser Untersuchung könnten die Versuchspersonen ein Interesse daran haben, bei der Gruppe der Behinderten oder ihrer Repräsentanten mehr oder minder soziale Billigung für ihr Antwortverhalten zu finden. Somit würden sie sich an sozialen Normen orientieren, das heißt an von sozialen Gruppen geteilten Erwartungen über angemessenes und nicht angemessenes Verhalten (MUMMENDEY 1987). Gerade bei Fragenbogenuntersuchungen in konfliktbeladenen Feldern sollte dieser Erscheinung besondere Beachtung gelten. „Die Verzerrung durch sozial erwünschte Antworten dürfte (...) gerade bei der Erfassung von Einstellungen gegenüber physisch abweichenden Personen ein hohes Ausmaß erreichen" (CLOERKES 1985, 492).

Zwar läßt sich die Möglichkeit, in Fragestellungen sozial erwünscht zu antworten, statistisch relativ unkompliziert ermitteln, doch müßten hierzu die Fragen in einem Vorversuch zunächst einer genügend großen Anzahl von Versuchspersonen vorgelegt werden. Die Auswertung der Ergebnisse würde dann zuerst nur unter dem Gesichtspunkt der Sozialen Erwünschtheit erfolgen. Darüber ließen sich den jeweiligen Fragestellungen aussagekräftige Social-Desirability-Werte (SD-Werte)

Die Untersuchung 61

zuordnen. Der endgültige Fragebogen könnte das Problem der Sozialen Erwünschtheit dann größtenteils ausschließen.

Auch die Möglichkeit, die Soziale Erwünschtheit nicht zu kontrollieren, lässt sich aus zwei Gründen erörtern. Zunächst halten manche Experten das Misstrauen der Forscher hinsichtlich Ausmass und Verbreitung von Beschönigungstendenzen in Fragebogenantworten für übertrieben. Zudem bringen Vorversuche der SD-Kontrolle gewöhnlich einen stark erhöhten Forschungsaufwand mit sich. (MUMMENDEY 1987).

Allerdings kann bereits auf einfache Weise mit Hilfe einer geeigneten Fragebogeninstruktion der Effekt der Sozialen Erwünschtheit möglichst klein gehalten werden. Von Antworten unter Anonymitätsbedingungen ist beispielsweise bekannt, dass sie weniger sozial erwünscht ausfallen. Bei unserer Untersuchungsmethode per Fax war indes eine Anonymität aufgrund der Absenderkennung der

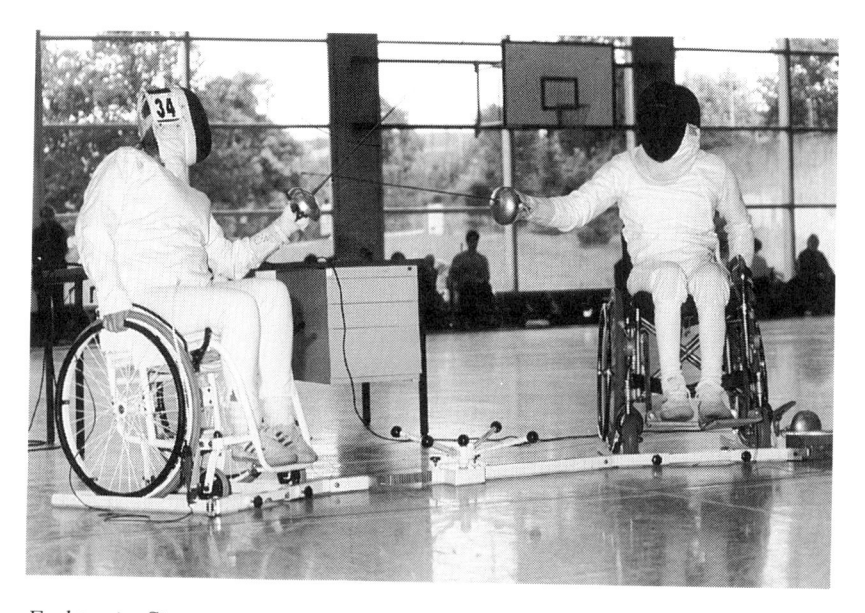

Fechten im Sitzen

Faxgeräte nicht möglich. So konnte in der Fragebogeninstruktion lediglich zugestanden werden, die Ergebnisse unter Anonymitätsbedingungen zu behandeln.

2.2.4.2 Einschränkungen der Validität

Da bislang keine vergleichbare Untersuchung existiert, fällt es schwer, die Ergebnisse der vorliegenden Arbeit einzuordnen. Jedoch scheint der Versuchsansatz in seiner Anlage geeignet, um Einstellungen zur Berichterstattung über Behindertensport zu überprüfen. Schwierig war indes, ihn ohne erprobtes Messinstrument umzusetzen. Denkbar wäre, eine amerikanische ATDP-Skala zur Erfassung von Einstellungen gegenüber Behinderten für Folgeuntersuchungen zu modifizieren und einzusetzen.

Aufgrund der unverminderten Brisanz der Behindertenproblematik muss der Antworttendenz der Sozialen Erwünschtheit (SE) von Fragebogenantworten ein hoher Einfluß auf die Untersuchungsergebnisse beigemessen werden. Um diese Fehlerkomponente künftig auszuschließen, scheint eine vorherige SE-Analyse der Fragestellungen sinnvoll.

Dass 83,3 Prozent der Sportjournalisten bereits über Behindertensport berichtet hatten, erscheint auf den ersten Blick fragwürdig, hält man sich den wirklichen Anteil an der gesamten Sportberichterstattung vor Augen. Allerdings war die einfach strukturierte nominale Antwortskala auch nicht darauf ausgerichtet, die Berichterstattung zu quantifizieren. Hierzu hätte es einer differenzierteren Rating-Skala bedurft.

Die zweite Grundfragestellung zum Wunsch nach einer vermehrten persönlichen Behindertensportberichterstattung hat demnach eine höhere allgemeine Aussagekraft. Allein stellt sich die Frage: Wenn 61,9 Prozent der Sportjournalisten gerne häufiger über Behindertensport berichten möchten, warum machen sie es nicht? Möglich ist, dass gerade bei dieser Frage die Tendenz dahin ging, sozial erwünscht zu antworten. Möglich ist jedoch auch, dass interne Redaktionskriterien im Wege stehen.

Die Untersuchung 63

Neben dem schwer einzuschätzenden Einfluss sozial erwünschter Antworten mindert auch die ungleiche Verteilung der Antworten innerhalb der Grundfragestellungen die Validität der Untersuchung. Größere Stichproben sind bei Folgeuntersuchungen vonnöten.

2.3 Charakteristische Merkmale der Berichterstattung – 4 Hypothesen

Bei der Auswertung der Untersuchungsergebnisse kristallisierten sich vier charakteristische Merkmale heraus, welche die Berichterstattung über Behindertensport offenbar nachhaltig beeinflussen: Die Einstellung „Fremdartigkeit" der Journalisten, die „Unsicherheit" der Rezipienten, die Schadensklassenproblematik im Behindertensport sowie die defizitäre Information der Medien durch den organisierten Behindertensport. Vorgenannte Einflussgrößen werden in diesem ersten Ergebnis-Abschnitt vorab herausgestellt. Der zweite Abschnitt (Kapitel 2.4) beschäftigt sich dann ausführlich mit den Ergebnissen aller Einstellungsfacetten bei beiden Stichproben.

Hypothese 1:
Die Fremdartigkeit bei solchen Journalisten, die bislang schon über Behindertensport berichteten, unterscheidet sich signifikant von der Fremdartigkeit der Gruppe derjenigen, die bis dato noch nicht berichteten.

Die zur Hypothesenprüfung benutzte Fragestellung (in negativer Fragerichtung formuliert) lautete: *Behinderte Sportler sind nicht fremdartiger als „normale" Sportler.* Hier konnte ein signifikanter Einfluss der Fremdartigkeitsfacette auf die Berichterstattung über Behindertensport nachgewiesen werden. Denn Journalisten, die schon mindestens einmal über Behindertensport berichtet haben, unterscheiden sich hinsichtlich der Facette Fremdartigkeit bei einem Signifikanzniveau von fünf Prozent überzufällig von den Journalisten, die bisher noch nicht über

Behindertensport berichtet haben [F (1, N = 42) = 4.35, p = .043]. Demnach halten also Journalisten, die noch nicht über Behindertensport berichteten, Behindertensportler für fremdartiger (im Vergleich mit nichtbehinderten Sportlern) als Journalisten, die Erfahrung auf diesem Gebiet haben.

Hypothese 2:
Die Unsicherheit bei solchen Rezipienten, die bereits Behindertensport in den Medien verfolgt haben, unterscheidet sich signifikant von der Unsicherheit derjenigen, die noch keine Berichte über Behindertensport registrierten.

Hier lautete die zur Bewertung gestellte Behauptung: *Es fällt schwer, sich einem Behindertensportler gegenüber genauso zu verhalten wie einem nichtbehinderten Sportler.* Ermittelt wurde, dass diejenigen Rezipienten, die vom Behindertensport in den Medien Notiz genommen haben, sich hinsichtlich der Facette Unsicherheit bei einem Signifikanzniveau von fünf Prozent überzufällig von denen unterscheiden, die dies bislang nicht taten [F (1, N = 30) = 6.13, p = .020]. Demnach fühlen sich Menschen, die angaben, bereits Behindertensport in den Medien verfolgt zu haben, signifikant weniger unsicher im (realen oder vorgestellten) Kontakt mit Behindertensportlern als solche, die zum Zeitpunkt der Untersuchung noch nie Behindertensport über die Medien wahrgenommen hatten.

Hypothese 3:
Sportjournalisten plädieren für eine Reduzierung der Schadensklassen im Behindertensport.

Die Sportjournalisten sollten folgende Aussage bewerten: *Für eine ansprechende Berichterstattung über den Behindertensport sollten die vielen Schadensklassen reduziert werden.* 64 Prozent der befragten Journalisten waren der Ansicht, dass die Schadensklassen reduziert werden sollten, 21 Prozent waren dagegen (siehe Tabelle 5 und Abbildung 3). Die Hypothese wurde somit bestätigt.

Die Untersuchung

Antwortkategorie	Sportjournalisten N (%)
1- Stimmt nicht	4 (9,5)
2- Stimmt eher nicht	5 (11,9)
3- keine Meinung	6 (14,3)
4- Stimmt eher	8 (19)
5- Stimmt vollständig	19 (45,2)
Missing value	0
Gesamt N	42 (100)

Tab. 5: Häufigkeitsverteilung der Aussage: „Für eine ansprechende Berichterstattung über den Behindertensport sollten die vielen Schadensklassen reduziert werden"

Die Schadensklassen sollten reduziert werden

Stimmt nicht 9,5 %
Stimmt eher nicht 11,9 %
keine Meinung 14,3 %
Stimmt eher 19%
Stimmt vollständig 45,2 %

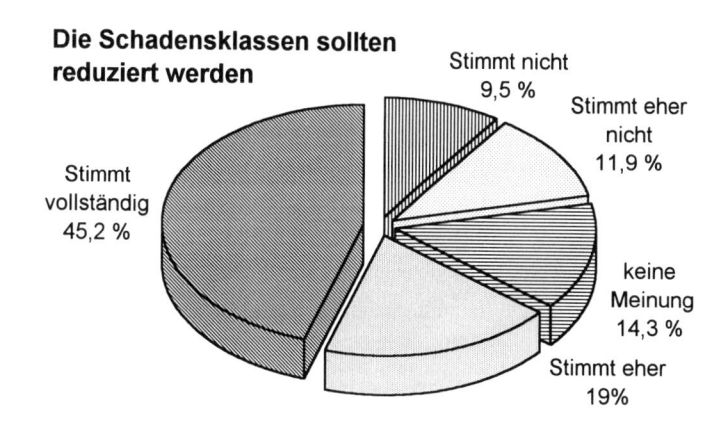

Abb. 3: Graphische Häufigkeitsverteilung der Fragestellung „Für eine ansprechende Berichterstattung über den Behindertensport sollten die vielen Schadensklassen reduziert werden"

Hypothese 4:
Sportjournalisten wünschen sich bessere Informationen vom organisierten Behindertensport für ihre Berichterstattung.

Zur Überprüfung dieser Hypothese bewerteten die Sportjournalisten folgende Aussage: *Die Informationen des organisierten Behindertensports sind einfach zu dürftig, um gut und angemessen darüber zu berichten.* 69 Prozent der befragten Sportjournalisten stimmten dieser Auffassung zu. 24 Prozent waren anderer Ansicht, hielten die Informationen also für ausreichend. Die Hypothese, dass Sportjournalisten den Informationsfluss von Behindertensport-Organisationen zu den Medien als defizitär bewerten, bestätigte sich (siehe Tabelle 6 und Abbildung 4).

Antwortkategorie	Sportjournalisten N (%)
1- Stimmt nicht	3 (7,1)
2- Stimmt eher nicht	7 (16,7)
3- keine Meinung	3 (7,1)
4- Stimmt eher	14 (33,3)
5- Stimmt vollständig	15 (35,7)
Missing value	0
Gesamt N	42 (100)

Tab. 6: Häufigkeitsverteilung der Aussage „Die Informationen von Seiten des organisierten Behindertensports sind einfach zu dürftig, um gut und angemessen darüber zu berichten"

Informationen des organisierten Behindertensports sind zu dürftig

- Stimmt vollständig 35,7 %
- Stimmt nicht 7,1 %
- Stimmt eher nicht 16,7 %
- keine Meinung 7,1 %
- Stimmt eher 33,3 %

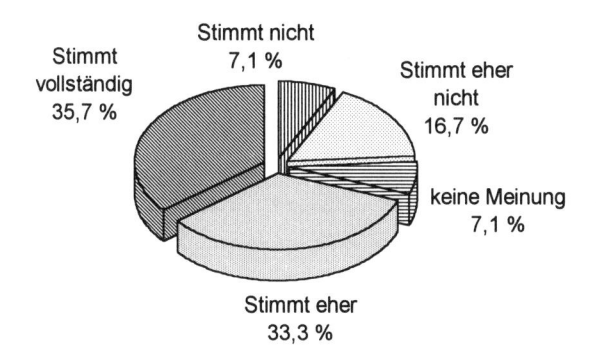

Abb. 4: Graphische Häufigkeitsverteilung der Aussage „Die Informationen von Seiten des organisierten Behindertensports sind einfach zu dürftig, um gut und angemessen darüber zu berichten"

2.4 Die Einstellungs-Facetten

2.4.1 Fremdartigkeit

Aussage:
Behinderte Sportler sind nicht fremdartiger als „normale" Sportler
Der Mittelwert (auf einer Skala von eins bis fünf) der Sportjournalisten-Antworten liegt bei dieser in umgekehrter Fragerichtung formulierten Feststellung bei 3,9. Sportjournalisten tendieren demnach zur Aussage, behinderte Sportler seien nicht fremdartig. Für die Rezipienten-Stichprobe ergibt sich ein unwesentlich niedrigerer Mittelwert von 3,8. Die Häufigkeitsverteilungen sind Tabelle 7 zu entnehmen.

Antwortkategorie	Sportjournalisten N (%)	Rezipienten N (%)
1- Stimmt nicht	1 (2,4)	3 (10)
2- Stimmt eher nicht	10 (23,8)	5 (16,7)
3- keine Meinung	0	0
4- Stimmt eher	13 (31)	10 (33,3)
5- Stimmt vollständig	18 (42,9)	12 (40)
Missing value	0	0
Gesamt N	42 (100)	30 (100)

Tab. 7: Häufigkeitsverteilung der Aussage: Behinderte Sportler sind nicht fremdartiger als „normale" Sportler

Für einen ersten Überblick wurden die Ergebnisse der Teilstichproben mit der Facette Fremdartigkeit verglichen. Größere Unterschiede wurden bei den Sportjournalisten festgestellt. Die Mittelwerte lagen hier bei Journalisten, die nicht berichteten (3,0) und keine Berichterstattung wünschen (2,4), wesentlich höher als bei Journalisten, die bereits über Behindertensport berichteten (1,9) und sich dies auch wünschen (2,0). Bei den Rezipienten wurden derartige Unterschiede nicht festgestellt. Hier wiesen diejenigen, die Behindertensport bereits einmal in den Medien verfolgt haben und für mehr Berichterstattung eintreten, sogar geringfügig höhere Mittelwerte bei der Einstellungs-Facette Fremdartigkeit auf als Rezipienten, die noch keinen Behindertensport in den Medien verfolgt haben respektive nicht für eine verstärkte Berichterstattung eintreten (siehe auch Abbildung 5).

Die beiden zu prüfenden statistischen Hypothesen für die Sportjournalistenstichprobe lauteten bei der Facette Fremdartigkeit:

- *Die Fremdartigkeit bei Berichterstattern unterscheidet sich signifikant von der Fremdartigkeit bei Journalisten, die keine Berichte verfassen.*
- *Die Fremdartigkeit von solchen Journalisten, die gerne mehr über Behindertensport berichten würden, unterscheidet sich signifikant von der Fremdartigkeit bei Journalisten, die auf weitere Berichte verzichten.*

Die Untersuchung 69

Fremdartigkeit im Vergleich mit Grundfragestellungen

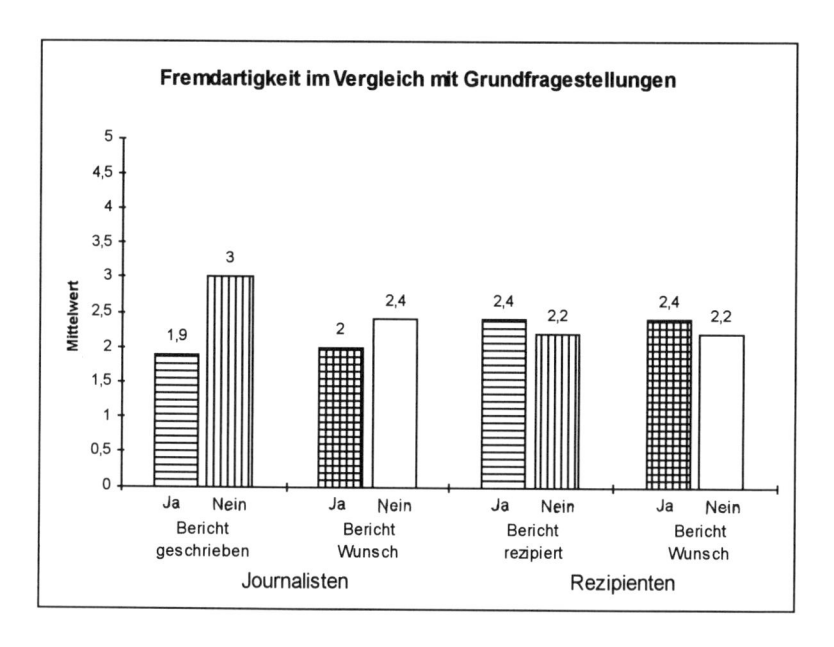

[Balkendiagramm, Mittelwerte:
Journalisten – Bericht geschrieben: Ja 1,9 / Nein 3;
Journalisten – Bericht Wunsch: Ja 2 / Nein 2,4;
Rezipienten – Bericht rezipiert: Ja 2,4 / Nein 2,2;
Rezipienten – Bericht Wunsch: Ja 2,4 / Nein 2,2]

Abb. 5: Graphische Darstellung der Mittelwerte der Facette Fremdartigkeit in Verbindung mit den Grundfragestellungen

Es wurde ein signifikanter Einfluß der Einstellungs-Facette Fremdartigkeit auf die Berichterstattung über Behindertensport nachgewiesen (siehe bereits Kapitel 2.3). Unterschiede in der Fremdartigkeit zwischen Journalisten, die gerne mehr über Behindertensport berichten würden und solchen, die dies nicht möchten, konnten nicht ermittelt werden.

Die beiden zu prüfenden Hypothesen für die Rezipientenstichprobe bei der Facette Fremdartigkeit lauteten:

- *Die Fremdartigkeit bei Rezipienten, die bereits Behindertensport in den Medien verfolgt haben, unterscheidet sich signifikant von der Fremdartigkeit bei denen, die noch keine Medienberichterstattung über behinderte Sportler registrierten.*

- *Die Fremdartigkeit von solchen Rezipienten, die gerne öfter Behindertensport in den Medien verfolgen würden, unterscheidet sich signifikant von der Fremdartigkeit bei denen, die sich das nicht wünschen.*

Überzufällige Unterschiede zwischen den Teilstichproben hinsichtlich der Ausprägung der Facette Fremdartigkeit konnten hier nicht ermittelt werden. Beide Hypothesen bestätigen sich nicht.

2.4.2 Unsicherheit

Aussage:
Es fällt schwer, sich einem Behindertensportler gegenüber genauso zu verhalten wie einem nichtbehinderten Sportler.

Der Mittelwert der Sportjournalisten-Stichprobe lag hier auf der Skala von 1 bis 5 bei 2,4. Es fällt somit den Sportjournalisten im Mittel nicht besonders schwer, sich gegenüber behinderten Sportlern genauso zu verhalten wie gegenüber nichtbehinderten Sportlern. Auch die Daten der Rezipienten deuten darauf hin, dass ihnen dies nicht schwerfällt – respektive nicht schwerfallen würde. Der Mittelwert liegt hier bei 2,7. Ein grundsätzliches Vorhandensein von Unsicherheit im Umgang mit behinderten Sportlern bei Sportjournalisten wie bei Rezipienten konnte somit nicht bestätigt werden (siehe auch Tabelle 8).

Beim deskriptiven Vergleich mit den Grundfragestellungen weisen Journalisten, die noch nicht über Behindertensport berichteten und es sich auch nicht wünschen, mehr darüber zu berichten, höhere Unsicherheitswerte auf als Journalisten, die bereits berichteten und sich mehr Berichterstattung wünschen. Bei den Rezipienten sind es vor allem diejenigen, die Behindertensport nicht in den Medien verfolgt hatten, die mit einem hohen Mittelwert (4,2) herausragen. Dieser liegt wesentlich über dem derer, die Behindertensport aus den Medien kennen (2,4). Dahingegen liegt die Gruppe derer, die keinen Wert auf mehr Behindertensport in den Medien legen, unter dem Mittelwert der Behindertensport-Befürworter (siehe Abbildung 6).

Die Untersuchung 71

Antwortkategorie	Sportjournalisten N (%)	Rezipienten N (%)
1- Stimmt nicht	18 (42,9)	10 (33,3)
2- Stimmt eher nicht	7 (16,7)	6 (20)
3- keine Meinung	1 (2,4)	1 (3,3)
4- Stimmt eher	11 (26,2)	8 (26,7)
5- Stimmt vollständig	4 (9,5)	5 (16,7)
Missing value	1 (2,4)	0
Gesamt N	42 (100)	30 (100)

Tab. 8: Häufigkeitsverteilung der Aussage „Es fällt schwer, sich einem Behindertensportler gegenüber genauso zu verhalten wie einem nichtbehinderten Sportler"

Die zu prüfenden statistischen Hypothesen bei der Sportjournalistenstichprobe für die Facette Unsicherheit waren:

- *Die Unsicherheit von über Behindertensport berichtenden Journalisten unterscheidet sich signifikant von der Unsicherheit der nicht darüber berichtenden.*

- *Die Unsicherheit von solchen Journalisten, die gerne mehr über Behindertensport berichten würden, unterscheidet sich signifikant von der Unsicherheit derer, die nicht diesen Wunsch hegen.*

Zwischen den Teilstichproben konnten keine signifikanten Unterschiede betreffend der Unsicherheit ermittelt werden. Beide Hypothesen bewährten sich nicht.

Unsicherheit im Vergleich mit Grundfragestellungen

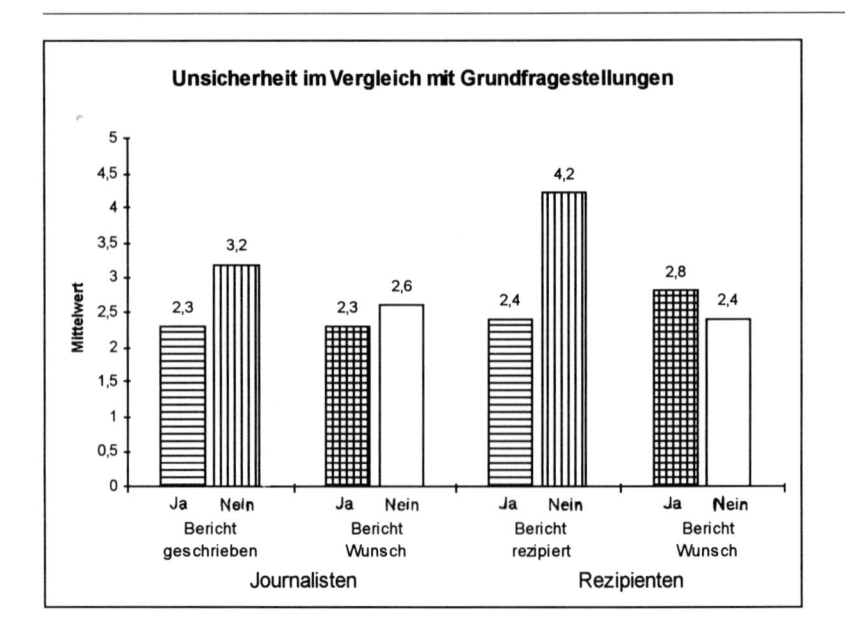

[Balkendiagramm mit Mittelwerten:
Journalisten – Bericht geschrieben: Ja 2,3; Nein 3,2
Journalisten – Bericht Wunsch: Ja 2,3; Nein 2,6
Rezipienten – Bericht rezipiert: Ja 2,4; Nein 4,2
Rezipienten – Bericht Wunsch: Ja 2,8; Nein 2,4]

Abb. 6: Graphische Darstellung der Mittelwerte der Facette Unsicherheit in Verbindung mit den Grundfragestellungen

Die beiden zu prüfenden statistischen Hypothesen bei der Rezipientenstichprobe für die Facette Unsicherheit lauteten:

- *Die Unsicherheit von Rezipienten, die bereits Behindertensport in den Medien verfolgt haben, unterscheidet sich signifikant von der Unsicherheit derer, die keinen Medienkontakt zum Behindertensport vorweisen.*
- *Die Unsicherheit von solchen Rezipienten, die gerne öfter Behindertensport in den Medien verfolgen würden, unterscheidet sich signifikant von der Unsicherheit der Gegner einer vermehrten Berichterstattung über Behindertensport.*

Bei der Facette Unsicherheit unterscheiden sich diejenigen Rezipienten, die bereits Behindertensport in den Medien verfolgt haben, signifikant (p ≤ .05) von denen, die bislang keinen Medienkontakt zum Behindertensport hatten; die Hypothese bestätigte sich (siehe bereits Kapitel 2.3). Signifikante Unterschiede betreffend der Einstellungs-Facette Unsicherheit zwischen solchen Rezipienten, die gerne öfter Behindertensport in den Medien verfolgen würden, und solchen, die dem negativ gegenüberstehen, konnten nicht ermittelt werden.

2.4.3 Die Last der Verantwortung

Aussage:
Irgendwie fühlt man sich der Gruppe der Behindertensportler gegenüber verpflichtet.

Der Mittelwert der Sportjournalisten lag hier bei 2,8. Der Anteil der Journalisten, die sich behinderten Sportlern gegenüber in irgendeiner Weise verpflichtet sehen, betrug 45,3 Prozent. Auch der Modus lag bei der Kategorie „Stimmt eher" (also Gefühl der Verpflichtung). 52,4 Prozent der Sportjournalisten fühlen sich nicht „verpflichtet", ebenso wie 60 Prozent der Rezipienten (siehe Tabelle 9).

Antwortkategorie	Sportjournalisten N (%)	Rezipienten N (%)
1- Stimmt nicht	10 (23,8)	9 (30)
2- Stimmt eher nicht	12 (28,6)	9 (30)
3- keine Meinung	1 (2,4)	3 (10)
4- Stimmt eher	13 (31)	7 (23,3)
5- Stimmt vollständig	6 (14,3)	2 (6,7)
Missing value	1 (2,4)	0
Gesamt N	42 (100)	30 (100)

Tab. 9: Häufigkeitsverteilung der Aussage „Irgendwie fühlt man sich der Gruppe der Behindertensportler gegenüber verpflichtet"

Beim Vergleich dieser Facette mit den Teilstichproben waren keine deutlichen Unterschiede erkennbar. Die Werte lagen sowohl bei Journalisten, die nicht über Behindertensport berichteten, als auch bei Journalisten, die sich keine vermehrte

Berichterstattung wünschten, lediglich geringfügig höher als bei den Kollegen, die berichten und sich wünschen, mehr zu berichten. Lediglich der Mittelwert der Rezipienten, die bis dato keinen Behindertensport in den Medien verfolgt hatten (3,0), hob sich ab vom Mittelwert der Rezipienten, die Behindertensport aus den Medien kannten (2,4) (siehe Abbildung 7).

Last der Verantwortung im Vergleich mit Grundfragestellungen

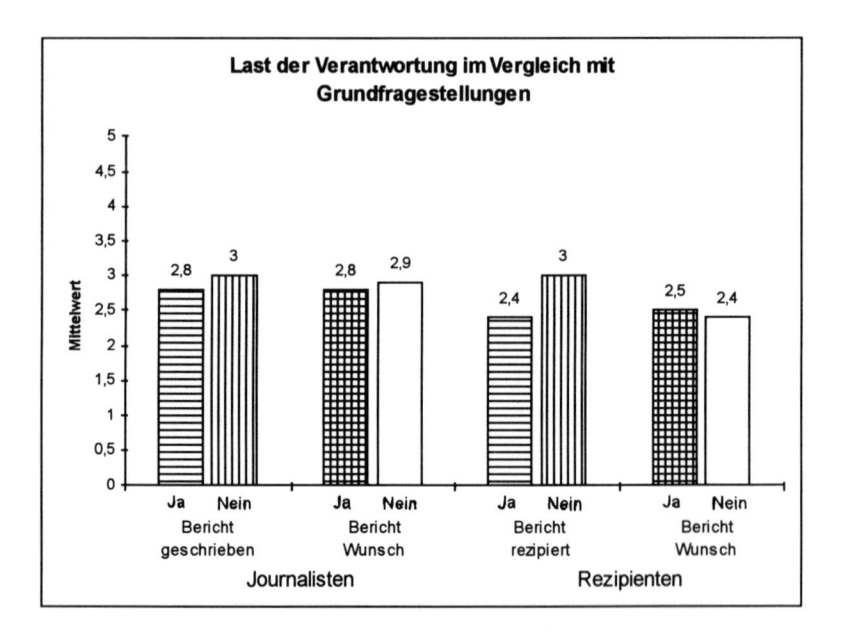

	Journalisten				Rezipienten			
	Ja	Nein	Ja	Nein	Ja	Nein	Ja	Nein
	Bericht geschrieben		Bericht Wunsch		Bericht rezipiert		Bericht Wunsch	
Mittelwert	2,8	3	2,8	2,9	2,4	3	2,5	2,4

Abb. 7: Graphische Darstellung der Mittelwerte der Einstellungs-Facette „Last der Verantwortung" hinsichtlich der Grundfragestellungen

Die beiden zu prüfenden statistischen Hypothesen der Sportjournalistenstichprobe für die Facette Last der Verantwortung lauteten:

- *Die Verantwortungslast bei Journalisten, die über Behindertensport berichten, unterscheidet sich signifikant von der Verantwortungslast derer, die bislang nicht berichtet haben.*
- *Die Verantwortungslast von solchen Journalisten, die gerne mehr über Behindertensport berichten würden, unterscheidet sich signifikant von der Verantwortungslast der Journalisten, die nicht mehr berichten wollen.*

Die Untersuchung 75

Es konnten keine signifikanten Unterschiede in der Verantwortungslast zwischen den Teilstichproben ausgemacht werden. Beide Hypothesen bestätigten sich nicht.

Die beiden nachzuprüfenden statistischen Hypothesen für die Rezipientenstichprobe lauteten:

- *Die Last der Verantwortung derer, die bereits Behindertensport in den Medien verfolgt haben, unterscheidet sich signifikant von der Last der Verantwortung derjenigen, die Behindertensport in den Medien noch nicht registriert haben.*
- *Die Last der Verantwortung von Rezipienten, die gerne öfter Behindertensport in den Medien verfolgen würden, unterscheidet sich signifikant von der Last der Verantwortung derer, die diesem Wunsch nicht entsprechen.*

Wie bei den Journalisten konnten auch bei den Rezipienten keine signifikanten Unterschiede hinsichtlich der Facette Last der Verantwortung zwischen den Teilstichproben ermittelt werden. Die Hypothesen bewährten sich somit nicht.

2.4.4 Die Tendenz zur Vermeidung der Begegnung

Aussage:
Behinderte und nichtbehinderte Sportler können gut zusammen trainieren.

Die Ergebnisse dieser in umgekehrter Fragerichtung formulierten Feststellung: 59,5 Prozent der Sportjournalisten (bei den Rezipienten betrug der Anteil 43,3 Prozent) waren der Ansicht, dass behinderte und nichtbehinderte Sportler nicht gut zusammen trainieren können. 28,6 Prozent der Sportjournalisten und 43,3 Prozent der Rezipienten gaben an, dies sei durchaus möglich. Der Mittelwert der Rezipienten-Stichprobe betrug 2,9, die Sportjournalisten kamen im Mittel auf einen Wert von 2,7 (siehe hierzu Tabelle 10).

Antwortkategorie	Sportjournalisten N (%)	Rezipienten N (%)
1- Stimmt nicht	6 (14,3)	13 (43,3)
2- Stimmt eher nicht	19 (45,2)	0
3- keine Meinung	5 (11,9)	4 (13,3)
4- Stimmt eher	7 (16,7)	4 (13,3)
5- Stimmt vollständig	5 (11,9)	9 (30)
Missing value	0	0
Gesamt N	42 (100)	30 (100)

Tab. 10: Häufigkeitsverteilung der Aussage „Behinderte und nichtbehinderte Sportler können gut zusammen trainieren"

Bei der Facette „Tendenz zur Vermeidung" wiesen die Journalisten, die nicht über Behindertensport berichteten, die Journalisten, die sich keine vermehrte Berichterstattung wünschen, sowie die Rezipienten, die keinen Wert auf mehr Behindertensportberichte in den Medien legen, höhere Mittelwerte auf als berichterstattende Journalisten, Journalisten, die mehr berichten möchten, und Rezipienten, die für mehr Behindertensport in den Medien eintreten. Lediglich diejenigen Rezipienten, die bereits Behindertensport in den Medien verfolgten, (Mittelwert: 3,3) tendieren eher zur Vermeidung als Rezipienten, die bislang keinen Behindertensport verfolgten, wie in Abbildung 8 ersichtlich.

Die beiden statistischen Hypothesen dieser Facette für die Sportjournalistenuntersuchung lauteten:

- *Die Vermeidungstendenz bei über Behindertensport berichtenden Journalisten unterscheidet sich signifikant von der Vermeidungstendenz der bislang nicht berichtenden Journalisten.*
- *Die Vermeidungstendenz bei solchen Journalisten, die gerne mehr über Behindertensport berichten würden, unterscheidet sich signifikant von der Vermeidungstendenz bei Journalisten, die sich dies nicht wünschen.*

Die Untersuchung

Vermeidungstendenz im Vergleich mit Grundfragestellungen

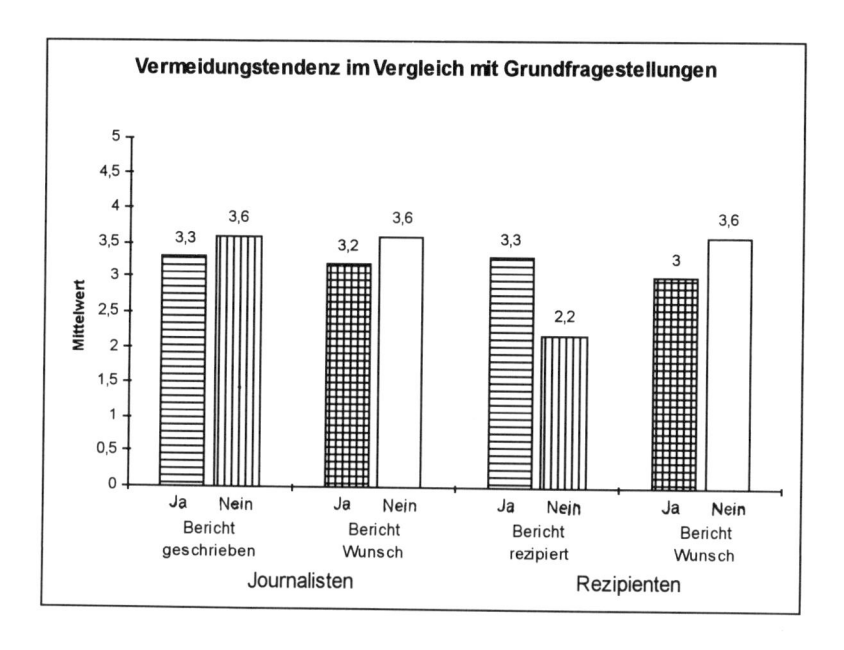

[Balkendiagramm, Mittelwerte:
Journalisten – Bericht geschrieben: Ja 3,3 / Nein 3,6; Bericht Wunsch: Ja 3,2 / Nein 3,6.
Rezipienten – Bericht rezipiert: Ja 3,3 / Nein 2,2; Bericht Wunsch: Ja 3 / Nein 3,6.]

Abb. 8: Graphische Darstellung der Mittelwerte der Facette „Tendenz zur Vermeidung der Begegnung" bezüglich der Grundfragestellungen

Signifikante Unterschiede hinsichtlich der Tendenz zur Vermeidung der Begegnung zwischen den Teilstichproben konnten nicht festgestellt werden; die Hypothesen bestätigten sich nicht.

Die Hypothesen für die Rezipienten-Untersuchung waren:

- *Die Tendenz zur Vermeidung bei Rezipienten, die schon einmal Behindertensport in den Medien verfolgten, unterscheidet sich signifikant von der Tendenz zur Vermeidung bei denjenigen, die noch nicht in den Medien mit Behindertensport konfrontiert wurden.*
- *Die Tendenz zur Vermeidung bei solchen Rezipienten, die gerne öfter Behindertensport in den Medien verfolgen würden, unterscheidet sich signifikant von der Tendenz zur Vermeidung bei Rezipienten, die sich dies nicht wünschen.*

Beide Hypothesen bestätigten sich nicht; überzufällige Unterschiede zwischen den Teilstichproben hinsichtlich der Tendenz zur Vermeidung der Begegnung konnten nicht ermittelt werden.

2.4.5 Bagatellisierung des Problems

Aussage:
Für einen körperbehinderten Sportler ist sein eigenes Schicksal viel weniger hart, als es für seine Umgebung aussieht.

Die Ergebnisse dieser Itemaussage spiegeln die von JANSEN (1981) erhobenen Einstellungen wider. Immerhin bestätigten 61,9 Prozent der befragten Sportjournalisten (Mittelwert: 3,5) diese Aussage, bagatellisieren somit die Behinderung. 16,7 Prozent entschieden sich bei der Beantwortung zudem für die mittlere, meinungslose Antwortkategorie. Lediglich 21,4 Prozent der Sportjournalisten bagatellisierten nicht.

Ein ähnliches Ergebnis wurde für die Rezipientenstichprobe (Mittelwert: 3,0) ermittelt. Auch hier ist die Antwortkategorie „Habe keine Meinung" mit einem Anteil von 20 Prozent der Stimmen vergleichsweise häufig vertreten. 46,7 Prozent der Rezipienten bagatellisieren die Behinderung, 33,3 Prozent tun dies nicht (siehe Tabelle 11).

Auffallend bei dem Vergleich der Bagatellisierungs-Tendenz mit den Grundfragestellungen war, dass sowohl die Rezipienten, die bereits einmal Behindertensport in den Medien verfolgt hatten, als auch diejenigen, die sich mehr Berichterstattung wünschen, die Problematik einer Behinderung mehr bagatellisieren als solche Rezipienten, die Behindertensport noch nicht verfolgten respektive sich auch keine umfangreichere Berücksichtigung in den Medien wünschen. Auch Journalisten, die bereits über Behindertensport berichteten, weisen hier einen geringfügig höheren Mittelwert auf als Kollegen, die noch nicht darüber berichteten. Hingegen liegt der Mittelwert bei Journalisten, die sich keine vermehrte Berichterstattung über Behindertensport wünschen, am höchsten (3,75).

Die Untersuchung 79

Antwortkategorie	Sportjournalisten N (%)	Rezipienten N (%)
1- Stimmt nicht	3 (7,1)	6 (20)
2- Stimmt eher nicht	6 (14,3)	4 (13,3)
3- keine Meinung	7 (16,7)	6 (20)
4- Stimmt eher	19 (45,2)	11 (36,7)
5- Stimmt vollständig	7 (16,7)	3 (10)
Missing value	0	0
Gesamt N	42 (100)	30 (100)

Tab. 11: Häufigkeitsverteilung der Aussage „Für einen körperbehinderten Sportler ist sein eigenes Schicksal viel weniger hart, als es für seine Umgebung aussieht"

Zwar bagatellisieren sowohl Sportjournalisten als auch Rezipienten oft die Tragweite einer Behinderung, doch die generelle Erwartung, dass Menschen, die entsprechend der Versuchsanlage bislang keinen speziellen Kontakt zum Behindertensport hatten und sich diesen auch nicht wünschen, höhere Bagatellisierungswerte aufweisen, bestätigte sich nicht (siehe hierzu Abbildung 9).

Für die Facette „Bagatellisierung des Problems" lauteten die zu prüfenden statistischen Hypothesen für Sportjournalisten:

- *Die Bagatellisierung des Problems bei Journalisten, die bereits über Behindertensport berichteten, unterscheidet sich signifikant von der Bagatellisierung des Problems bei Journalisten, die noch nicht darüber berichteten.*
- *Die Bagatellisierung des Problems von solchen Journalisten, die gerne mehr über Behindertensport berichten würden, unterscheidet sich signifikant von der Bagatellisierung des Problems bei denen, die diesen Wunsch nicht hegen.*

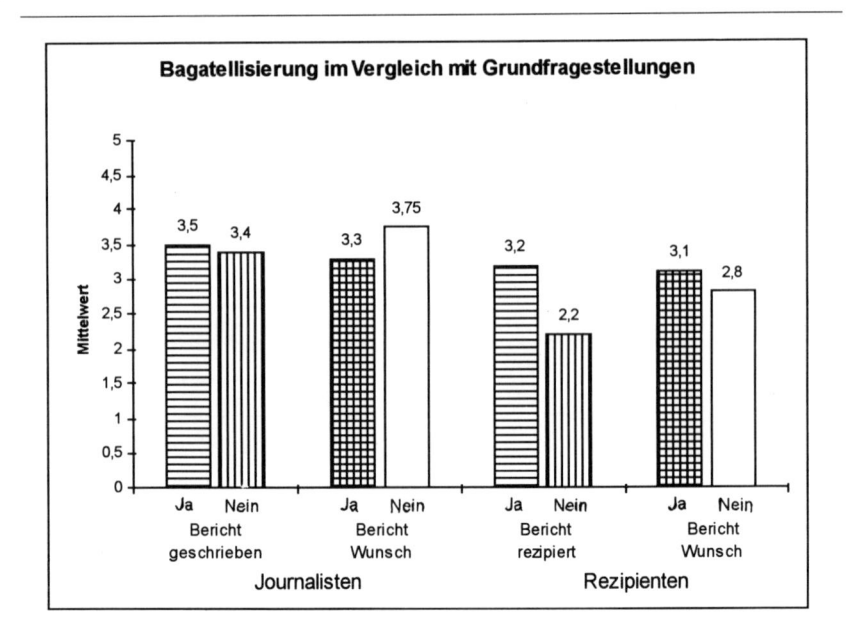

Bagatellisierung im Vergleich mit Grundfragestellungen

[Balkendiagramm mit folgenden Werten:
Journalisten: Ja Bericht geschrieben 3,5 / Nein 3,4; Ja Bericht Wunsch 3,3 / Nein 3,75
Rezipienten: Ja Bericht rezipiert 3,2 / Nein 2,2; Ja Bericht Wunsch 3,1 / Nein 2,8]

Abb. 9: Graphische Darstellung der Mittelwerte der Facette „Bagatellisierung des Problems" für die Teilstichproben

Signifikante Unterschiede in der Bagatellisierung der Behindertensportproblematik zwischen den Teilstichproben konnten nicht ermittelt werden. Die Hypothesen bewährten sich somit nicht.

Die beiden zu prüfenden statistischen Hypothesen für die Verbindung zwischen Rezipienten und Bagatellisierungstendenz waren:

- *Die Bagatellisierung des Problems bei Rezipienten, die mit dem Behindertensport bereits einmal durch die Medien Bekanntschaft gemacht haben, unterscheidet sich signifikant von der Bagatellisierung des Problems bei denjenigen, die noch keinen Medienkontakt mit dem Behindertensport hatten.*
- *Die Bagatellisierung des Problems von solchen Rezipienten, die gerne öfter Behindertensport in den Medien verfolgen würden, unterscheidet sich signifikant von der Bagatellisierung des Problems bei denjenigen, die dies nicht möchten.*

Die Untersuchung 81

Überzufällige Unterschiede hinsichtlich der Bagatellisierung konnten zwischen den Teilstichproben nicht festgestellt werden. Die Hypothesen bestätigten sich nicht.

2.4.6 Die unpersönliche Hilfe

Aussage:
Am besten hilft man dem Behindertensport mit Spenden.

Die Erwartung, dass viele Versuchspersonen dieser Einschätzung zustimmen, bestätigte sich nicht. 73,8 Prozent der Sportjournalisten bewerteten Spenden nicht als das am besten geeignete Mittel, um den Behindertensport zu unterstützen. Nur 14,3 Prozent waren dieser Ansicht. Keine Meinung äußerten 9,5 Prozent der Sportjournalisten. Der Stichprobenmittelwert liegt bei 1,9.

Innerhalb der Rezipientenstichprobe waren nur 6,6 Prozent der Befragten der Ansicht, dem Behindertensport sei am besten mittels Spenden zu helfen. 70 Prozent stimmten der Aussage nicht zu. Hoch war der Anteil derjenigen, die mit „keine Meinung" antworteten (23,3 Prozent). Der Mittelwert der Rezipientenstichprobe lag bei 1,9 (siehe Tabelle 12).

Antwortkategorie	Sportjournalisten N (%)	Rezipienten N (%)
1- Stimmt nicht	22 (52,4)	10 (33,3)
2- Stimmt eher nicht	9 (21,4)	11 (36,7)
3- keine Meinung	4 (9,5)	7 (23,3)
4- Stimmt eher	4 (9,5)	1 (3,3)
5- Stimmt vollständig	2 (4,8)	1 (3,3)
Missing value	1 (2,4)	0
Gesamt N	42 (100)	30 (100)

Tab. 12: Häufigkeitsverteilung der Aussage „Am besten hilft man dem Behindertensport mit Spenden"

Der Vergleich der Grundfragestellungen mit der Facette der unpersönlichen Hilfe widerlegt die Annahme, dass Journalisten und Rezipienten, die bislang keinen Kontakt zum Behindertensport hatten und sich diesen auch nicht wünschen, eher zur unpersönlichen Hilfe neigen. Journalisten, die bereits über Behindertensport berichteten, und Rezipienten, die gerne mehr über Behindertensport aus den Medien erfahren würden, weisen einen höheren Mittelwert an unpersönlicher Hilfe auf als nicht berichtende Journalisten und Rezipienten, die an mehr Behindertensport in den Medien kein Interesse haben (siehe hierzu Abbildung 10).

Die zu prüfenden statistischen Hypothesen für Sportjournalisten lauteten:

- *Die unpersönliche Hilfe bei Journalisten, die schon über Behindertensport berichteten, unterscheidet sich signifikant von der Tendenz zur unpersönlichen Hilfe bei denen, die noch nicht darüber berichteten.*
- *Die unpersönliche Hilfe von solchen Journalisten, die gerne mehr über Behindertensport berichten würden, unterscheidet sich signifikant von der Tendenz zur unpersönlichen Hilfe bei denen, die sich dies nicht wünschen.*

Hier konnten keine überzufälligen Unterschiede in der Neigung zur unpersönlichen Hilfe zwischen den Teilstichproben ausgemacht werden. Die Hypothesen bewährten sich nicht.

Die Hypothesen für die Verbindung zwischen Rezipienten und der unpersönlichen Hilfe waren:

- *Die Tendenz zur unpersönlichen Hilfe bei Rezipienten, die schon einmal eine Berichterstattung über Behindertensport in den Medien wahrgenommen haben, unterscheidet sich signifikant von der Tendenz zur unpersönlichen Hilfe bei denen, die noch keinen Medienkontakt zum Behindertensport hatten.*
- *Die Tendenz zur unpersönlichen Hilfe bei solchen Rezipienten, die gerne öfter Behindertensport in den Medien verfolgen würden, unterscheidet sich signifikant von der Tendenz zur unpersönlichen Hilfe bei denjenigen, die sich dies nicht wünschen.*

Die Untersuchung 83

Die unpersönliche Hilfe im Vergleich mit Grundfragestellungen

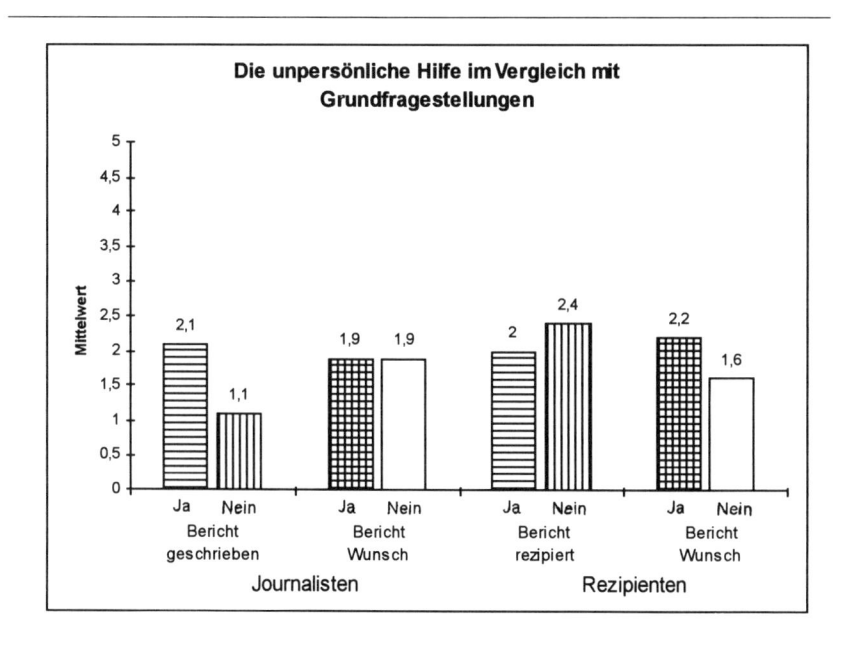

[Balkendiagramm mit Mittelwerten:
Journalisten – Bericht geschrieben: Ja 2,1 / Nein 1,1; Bericht Wunsch: Ja 1,9 / Nein 1,9.
Rezipienten – Bericht rezipiert: Ja 2 / Nein 2,4; Bericht Wunsch: Ja 2,2 / Nein 1,6.]

Abb. 10: Graphische Darstellung der Mittelwerte der Facette „Unpersönliche Hilfe" für die jeweiligen Grundfragestellungen

Auch bei den Rezipienten bestätigten sich die Hypothesen nicht. Es waren keine signifikanten Unterschiede in der Neigung zur unpersönlichen Hilfe zwischen den Teilstichproben festzustellen.

2.4.7 Mitleid

Aussage:
Jeder Einzelne sollte den Behindertensport würdigen, alleine schon aus Dank dafür, daß es ihn nicht „getroffen" hat.

Die Auswertung dieser Fragestellung bei der Journalisten-Stichprobe ergab eine ausgeglichene Häufigkeitsverteilung. Der Mittelwert der Antworten lag bei 2,7. 35,7 Prozent stimmten der Aussage zu, hegen also in gewisser Weise Mitleidsgefühle. Gegen die Aussage der Fragestellung sprachen sich 54,8 Prozent der Sportjournalisten aus. Keine Meinung hatten 9,5 Prozent. Die Rezipienten (Mittelwert: 3,6) entsprachen eher der Facette des Mitleids als die Sportjournalisten. 63,3 Prozent stimmten der Fragestellung zu, 23,4 Prozent lehnten sie ab. Meinungslos waren 13,3 Prozent (siehe Tabelle 13).

Die Mittelwerte der Facette Mitleid waren sowohl bei Journalisten, die noch nicht über Behindertensport berichtet haben, als auch bei Journalisten, die sich keine vermehrte Berichterstattung wünschen, jeweils höher als die von bereits berichtenden Journalisten und solchen, die sich mehr Berichterstattung über Behindertensport wünschen. Das heißt, Sportjournalisten, die schon einmal über Behindertensport berichtet hatten oder sich eine Berichterstattung wünschen, neigten zu weniger Mitleid. Das entsprach nicht der Erwartung, Mitleid vor allem bei den Berichtern und Wünschern vorzufinden. Anders die Ergebnisse der Rezipienten: Hier waren die Mittelwerte gerade bei Behindertensportbefürwortern (3,8) ausgeprägter als bei Rezipienten, die keinen Wert auf mehr Behindertensportberichterstattung in den Medien legten (3,0) (siehe Abbildung 11).

Antwortkategorie	Sportjournalisten N (%)	Rezipienten N (%)
1- Stimmt nicht	13 (31)	5 (16,7)
2- Stimmt eher nicht	10 (23,8)	2 (6,7)
3- keine Meinung	4 (9,5)	4 (13,3)
4- Stimmt eher	5 (11,9)	7 (23,3)
5- Stimmt vollständig	10 (23,8)	12 (40)
Missing value	0	0
Gesamt N	42 (100)	30 (100)

Tab. 13: Häufigkeitsverteilung der Aussage „Jeder Einzelne sollte den Behindertensport würdigen, alleine schon aus Dank dafür, daß es ihn nicht ‚getroffen' hat"

Die Untersuchung 85

Die beiden zu prüfenden statistischen Hypothesen für das Mitleid unter Sportjournalisten lauteten:

- *Das Mitleid bei Journalisten, die bereits über Behindertensport berichtet haben, unterscheidet sich signifikant von dem Mitleid derer, die noch nicht berichtet haben.*
- *Das Mitleid von solchen Journalisten, die gerne mehr über Behindertensport berichten würden, unterscheidet sich signifikant von dem Mitleid derjenigen, die sich dies nicht wünschen.*

Die Ausprägung zum Mitleid mit behinderten Sportlern unterschied sich zwischen den Teilstichproben nicht signifikant; die Hypothesen bewährten sich nicht.

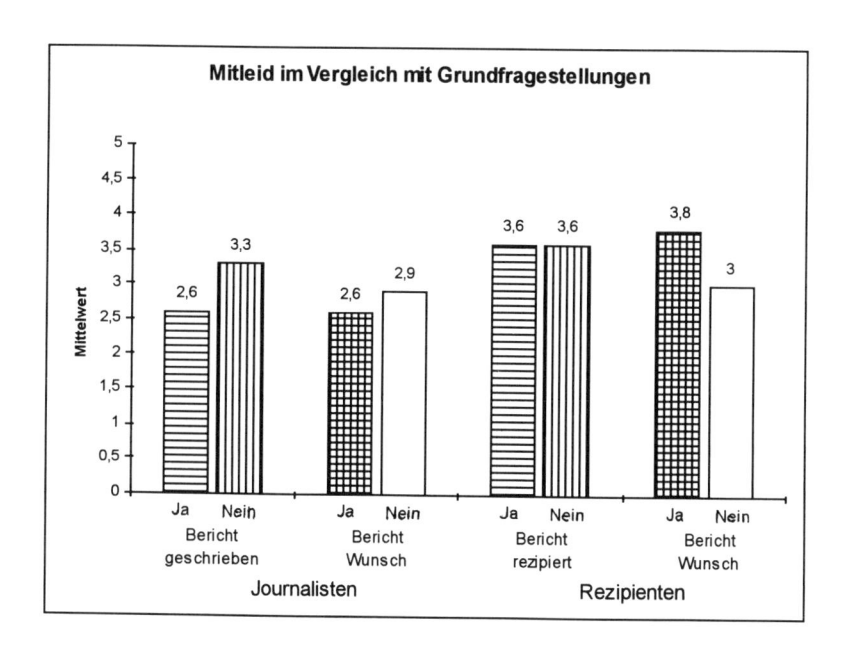

Abb. 11: Graphische Darstellung der Mittelwerte der Facette Mitleid hinsichtlich der Grundfragestellungen

Für die Facette Mitleid und die Rezipienten-Grundfragestellungen lauteten die zu prüfenden statistischen Hypothesen:

- *Das Mitleid bei Rezipienten, die bereits einmal Behindertensport in den Medien verfolgt haben, unterscheidet sich signifikant von dem Mitleid derer, die noch keinen Medienkontakt mit Behindertensport hatten.*
- *Das Mitleid von solchen Rezipienten, die gerne öfter Behindertensport in den Medien verfolgen würden, unterscheidet sich signifikant von dem Mitleid derjenigen, die sich dies nicht wünschen.*

Auch bei der Facette Mitleid wurden zwischen den Teilstichproben keine überzufälligen Unterschiede ermittelt. Die Hypothesen bestätigten sich nicht.

2.4.8 Das eigene Engagement

Aussage:
Ich kenne einen Behindertensportler persönlich.

69,1 Prozent der Sportjournalisten (Mittelwert: 3,7) gaben bei ihrer Stellungnahme an, einen behinderten Sportler persönlich zu kennen. Unter den Rezipienten (Mittelwert: 2,4) waren dies 33,3 Prozent. Beim Vergleich der jeweiligen Teilstichproben zeigte sich, dass positive Einstellungen zum Behindertensport, wie erwartet, auch eher mit einem bisherigen Kontakt zu Behinderten einhergehen. Und natürlich kennen Journalisten, die schon über Behindertensport berichteten (Mittelwert: 4,0), eher einen Behindertensportler persönlich als Journalisten, die noch nicht über Behindertensport berichteten (2,6) (siehe Abbildung 12).

Die statistischen Hypothesen für das Engagement bei Sportjournalisten lauten:

- *Das Engagement von Journalisten, die bereits über Behindertensport berichtet haben, unterscheidet sich signifikant von dem Engagement der Journalisten, die noch nicht über Behindertensport berichtet haben.*

Die Untersuchung 87

- *Das Engagement von solchen Journalisten, die gerne mehr über Behindertensport berichten würden, unterscheidet sich signifikant von dem Engagement derer, die sich dieses nicht wünschen.*

Auf einem Signifikanzniveau von zehn Prozent unterschieden sich Journalisten, die bereits über Behindertensport berichtet haben, signifikant hinsichtlich ihrer Stellungnahme zur Aussage zum Engagement von Journalisten, die noch nicht über Behindertensport berichtet haben: $F(1, N = 42) = 3.67$, $p = .063$. Diese Hypothese bestätigt sich.

Journalisten, die sich mehr Berichterstattung über Behindertensport wünschen, und Journalisten, die sich dies nicht wünschen, unterschieden sich hier nicht signifikant; diese Hypothese bewährte sich nicht.

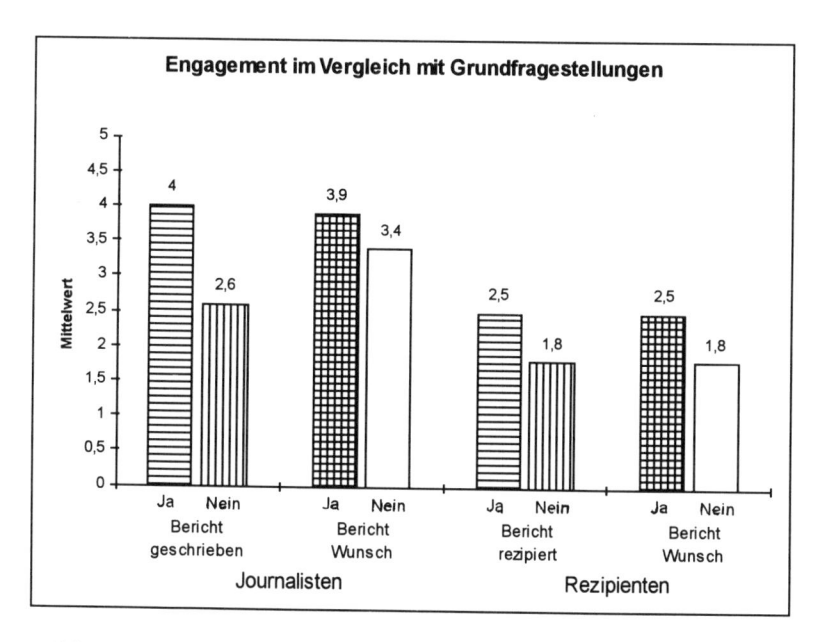

Abb. 12: Graphische Darstellung der Mittelwerte der Determinante „Engagement" hinsichtlich der Grundfragestellungen

Für die Verbindung zwischen Rezipienten und persönlichem Engagement waren die zu prüfenden statistischen Hypothesen:

- *Das Engagement von Rezipienten, die bereits Behindertensport in den Medien verfolgten, unterscheidet sich signifikant von dem Engagement derer, die noch keine Berichterstattung über Behindertensport in den Medien verfolgten.*
- *Das Engagement von solchen Rezipienten, die gerne öfter Behindertensport in den Medien sehen würden, unterscheidet sich signifikant von dem Engagement derer, die sich dies nicht wünschen.*

Beide Hypothesen konnten nicht bestätigt werden.

2.4.9 Weitere Untersuchungen

2.4.9.1 Vergleich der Einstellungen von Sportjournalisten und Rezipienten

Unterschiedliche Ausprägungen bei den Einstellungs-Facetten zwischen Sportjournalisten und Rezipienten ließen sich lediglich für die Einstellung „Mitleid" erkennen. Während die Rezipienten hier eine deutliche Tendenz zum Mitleid offenbaren (Mittelwert: 3,6), liegen die Sportjournalisten im Mittel doch erheblich niedriger (2,7). Mitleid scheint demnach ein dominanter Einstellungsfaktor bei Rezipienten zu sein (siehe Abbildung 13).

Aus dem Umstand, daß deutlich mehr Sportjournalisten als Rezipienten einen behinderten Sportler persönlich kennen (wie aus den Engagements-Unterschieden hervorgeht), lassen sich im Sinne der Sozialen-Kontakt-These der Vorurteilsforschung keine grundsätzlichen Unterschiede zwischen den Einstellungen der Sportjournalisten und der Rezipienten ableiten. Lediglich eine Verbindung zwischen Kontakt mit Behindertensportlern und dem Mitleid scheint aufgrund der Mittelwertsunterschiede plausibel. Eine *Spearman*-Rangkorrelation erbrachte

Die Untersuchung 89

aber keinen Hinweis auf einen etwaigen Zusammenhang zwischen den Fragestellungen zum Mitleid und zum Engagement.

Vergleich der Einstellungen von Sportjournalisten und Rezipienten

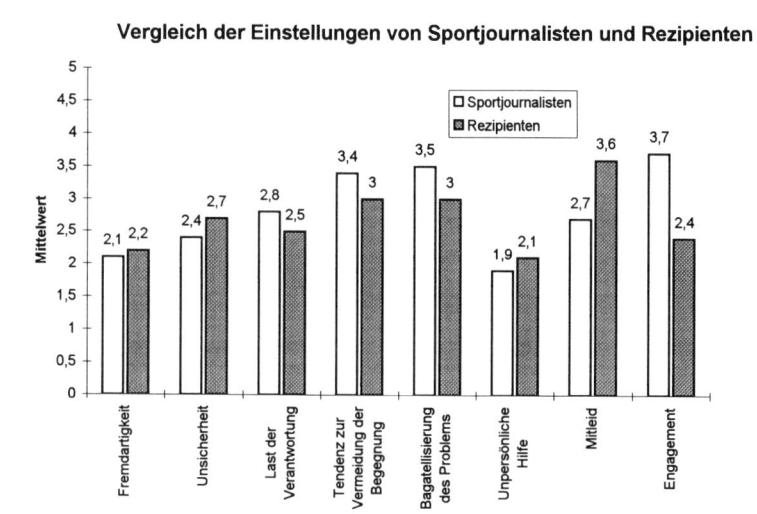

Facette	Sportjournalisten	Rezipienten
Fremdartigkeit	2,1	2,2
Unsicherheit	2,4	2,7
Last der Verantwortung	2,8	2,5
Tendenz zur Vermeidung der Begegnung	3,4	3
Bagatellisierung des Problems	3,5	3
Unpersönliche Hilfe	1,9	2,1
Mitleid	2,7	3,6
Engagement	3,7	2,4

Abb. 13: Die Ausprägung der Einstellungs-Facetten und des Engagements bei Sportjournalisten und Rezipienten anhand der ermittelten Gesamt-Mittelwerte

2.4.9.2 Der Einfluss der demographischen Daten

Erwartet wurde, dass Frauen und jüngere Sportjournalisten eher über Behindertensport berichten und sich eine Behindertensportberichterstattung wünschen als Männer und ältere Sportjournalisten[8]. Um etwaige Einflüsse der demographi-

---

[8] CLOERKES (1985) stellte nur zwei demographische Merkmale als Determinanten für Einstellungen zu Behinderten heraus. „Nennenswerte Zusammenhänge konnten wir nur für die Variablen Geschlechtszugehörigkeit und Lebensalter feststellen: Frauen scheinen Behinderte danach eher zu akzeptieren als Männer, ältere Personen sind etwas negativer eingestellt als jüngere Personen" (CLOERKES 1985, 488).

schen Daten auf andere Variablen zu erkennen, wurden die Messwerte mittels einfaktorieller Varianzanalysen verglichen. Aus diesen war bis auf eine Ausnahme zu erkennen, dass in beiden erhobenen Stichproben weder die Altersgruppe noch das Geschlecht einen signifikanten Einfluss auf Grundfragestellungen und Einstellungen hatten.

Einzig die Verbindung zwischen dem Geschlecht und der Bagatellisierungs-Facette bei Sportjournalisten war auf dem Fünf-Prozent-Niveau signifikant [$F(1, N = 42) = 6.16, p = .017$]. Demnach neigen Sportjournalistinnen überzufällig weniger zum Bagatellisieren der Behindertenproblematik als ihre männlichen Kollegen. Gleichwohl sollte dieses Ergebnis vor dem Hintergrund der ungleichen Geschlechterverteilung in der Stichprobe (3 Frauen, 39 Männer) mit Vorsicht betrachtet werden.

2.5 Diskussion und Folgerungen

Marianne Buggenhagen sei gedankt. Im Dezember 1994 wurde die Leichtathletin von den Zuschauern der ARD-Sportgala zur „Sportlerin des Jahres" gewählt – vor Steffi und Franzi. Ganz gleich, ob hiermit zuvorderst die herausragenden sportlichen Leistungen Buggenhagens gewürdigt wurden oder es sich doch um eine „Mitleidswahl" handelte – niemals vorher wurde am Sport interessierten Menschen nachhaltiger der Behindertensport demonstriert. Anders als üblich, wurde Marianne Buggenhagen allerdings nicht ins *Aktuelle Sport-Studio* eingeladen. Eine Ehrenrunde im Sozialmagazin lehnte sie dankend ab. Zwei entscheidende Fragen: Wieso wurde Marianne Buggenhagen gewählt? Und wieso wurde ihr danach eine Plattform zur Selbstdarstellung verwehrt?

Athletinnen und Athleten, die im Rollstuhl oder mit anderen Herausforderungen Sport treiben und dabei besondere Leistungen erbringen, fordern nicht mehr und nicht weniger als Normalität. Gerade in der öffentlichen Beachtung ihrer herausragenden, aber auch unterdurchschnittlichen Leistungen. „Normal" innerhalb der

Sportberichterstattung ist, dass über Resultate berichtet und geurteilt wird. Wie es auch die Zuschauer eines Sportereignisses machen. Nicht immer objektiv, aber an der Leistung orientiert. Wie ihre Kolleginnen und Kollegen ohne Handikap sind Athletinnen und Athleten mit persönlichen Herausforderungen nicht immer in Hochform, nicht an jedem Tag zu Top-Leistungen fähig. Und doch wird applaudiert und gelobt, wenn der einbeinige Hochspringer 1,50 Meter überquert. „Bei Heike Drechsler klatscht auch niemand, wenn sie nur fünf Meter weit springt", sagt Marianne Buggenhagen. Im Beziehungsgeflecht zwischen Behindertensport, Medien und Zuschauern gibt es viele verschwommene Phänomene und lediglich mutmaßende Antworten. Deshalb diese Untersuchung als ein erster Versuch, über empirische Kommunikator- und Publikumsforschung Ursachen für Handlungstendenzen zu ermitteln.

Über den Vergleich zwischen der Ausprägung einfacher Grundfragestellungen und diversen Einstellungsformen sollte ein Einblick in die Determinanten für soziales Verhalten rund um die Behindertensport-Berichterstattung geschaffen werden. Die beiden herausragenden Ergebnisse dieser Studie:

1. Bei Sportjournalisten wurde ein signifikanter Zusammenhang zwischen dem Nichtberichten über Behindertensport und der Einstellung der Fremdartigkeit nachgewiesen.

2. Durch Berichte über Behindertensport scheint die Unsicherheit gegenüber behinderten Sportlerinnen und Sportlern bei Zuschauern herabgesetzt werden zu können.

Diese beiden Erkenntnisse deuten darauf hin, daß es tatsächlich die affektiven, die gefühlsmäßigen Einstellungskomponenten sind, die den Kern der sozialen Einstellung zum Behindertensport ausmachen.

Höhere Mittelwerte bei der Einstellungs-Facette Fremdartigkeit für Journalisten, die nicht über Behindertensport berichten, stützen die Body-Concept-Theorie. Möglicherweise ist bei Sportjournalisten, die sich tagtäglich mit den Körperidealen der schönen Sportwelt beschäftigen, die Angst vor dem persönlichen Verlust der körperlichen Unversehrtheit besonders ausgeprägt. Das würde die höheren Werte bei der Facette Fremdartigkeit erklären, wenn die These von der Gefährdung der eigenen physischen Integrität beim Kontakt mit Behinderten zuträfe. Sicher dürfte jedenfalls sein, das allein der physische Defekt eines Sportlers für die psychische Distanz Außenstehender verantwortlich ist, die dann zur Vermeidung von Interaktion und einer Bagatellisierung des Problems führt. Jene beiden Einstellungen waren bei Sportjournalisten höher ausgeprägt als bei den Rezipienten. Wer dementsprechende Verhaltensmechanismen zeigt, für den braucht es dann gar nicht zu solchen „unangenehmeren" Gefühlen wie Fremdartigkeit oder Unsicherheit zu kommen; diese werden rational überlagert. Positiv gedacht, zeigen die niedrigeren Werte der Facette Fremdartigkeit bei Journalisten, die über Behindertensport berichten, daß der hierzu notwendige Kontakt zu behinderten Aktiven fremdartiges Empfinden abbauen kann, was die Soziale-Kontakt-These der Vorurteilsforschung stützt. Im umgekehrten Sinn könnte man natürich auch sagen: Nur wer vorurteilsfrei ist, zeigt Interesse für den Behindertensport.

Wenngleich Behindertensportler für die meisten Journalisten und Rezipienten nicht fremdartiger zu sein scheinen als nichtbehinderte Sportler (wie die insgesamt niedrigen Mittelwerte der Facette Fremdartigkeit belegen), sollte – bei allen Einstellungs-Facetten – die hohe Möglichkeit sozial erwünschter Antworten in Betracht gezogen werden.

Eine wichtige Rolle im Untersuchungsfeld spielt das Mitleid. Gerade die Rezipienten neigen dazu (die Einstellungs-Facette Mitleid war bei der Rezipienten-Stichprobe der Faktor mit den höchsten Werten). Denn generell ist immer eine zweipolige Ausrichtung der Einstellungen erkennbar: Entweder werden behinderte Sportler negativ betrachtet oder das Mitgefühl dominiert, um mit der eigenen Verunsicherung fertig zu werden. Das Interesse des Publikums scheint oft vom Mitleid geleitet. Immerhin weist die Gruppe der Rezipienten, die gerne mehr Behindertensport in den Medien verfolgen würden, die höchsten Werte bei der Facette des Mitleids auf. Für die Berichterstatter ist dies eine knifflige Ausgangslage. Einerseits soll dem Interesse des Medienpublikums, in diesem Fall

Die Untersuchung 93

also dem Mitleidsgefühl, Rechnung getragen werden. Man will ja sein Produkt bestmöglich verkaufen. Andererseits wird eine dementsprechende Präsentation von den gehandikapten Sportlerinnen und Sportler abgelehnt. Sie wehren sich vehement und mit Recht gegen eine solche, oftmals im Boulevardstil gehaltene Art der Darstellung.

Wie zuviel Mitgefühl enden kann, zeigte einst Jörg Wontorra. Noch in Diensten der *Sportschau* moderierte er einen Bericht, der sich durchaus sachlich mit der Leistungsexplosion bei den Paralympics 1988 in Seoul auseinandersetzte, folgendermaßen ab: „Die Medaillen sollte man vielleicht nicht abschaffen, aber doch vielleicht für alle Teilnehmer welche bereithalten. Dann werden auch Behinderten-Spiele zu Treffen der echten Begegnung" (BELITZ 1996).

Dass ein Interesse des Publikums am Behindertensport offenbar vorhanden ist, zeigt das Untersuchungsergebnis der zweiten Grundfragestellung für Rezipienten: 83,3 Prozent wünschten sich eine vermehrte Berichterstattung über Behindertensport. Indes sollte dieser Wert, ebenso wie die hohe Prozentzahl an Journalisten, die gerne mehr über Behindertensport berichten möchten, mit Blick auf die Tendenz von Versuchspersonen, Fragen sozial erwünscht zu beantworten, vorsichtig interpretiert werden.

Offen ist auch weiterhin, wie das Interesse für den Behindertensport letztlich strukturiert ist. Neben der Wahl Marianne Buggenhagens zur Sportlerin des Jahres 1994 belegen auch die Zuschauerzahlen bei den Paralympics 1992 und 1996 die Begeisterung für den Behindertensport. Gleichwohl konnte in der Zeit nach den Barcelona-Paralympics 1992 bei den folgenden Großveranstaltungen im Behindertensport nicht an das Interesse der Katalanen angeknüpft werden. „In diesem Zusammenhang ergab eine Untersuchung von EVANGELINOU (1994), daß ein Großteil der Zuschauer bei diesen internationalen Wettkämpfen in der Regel direkt oder indirekt mit dem ‚Problemsystem Behinderung' zu tun hat oder hatte. Das heißt, daß sie entweder bekannt oder verwandt mit den startenden Athletinnen und Athleten sind oder sich beruflich in diesem Bereich engagieren. Als weiteres, leider häufiges Motiv der Zuschauer analysierte sie ‚Schaulustigkeit' und ‚Sensationsgier'" (SCHLENKER 1996, 34).

Weiterhin ist Aufklärung notwendig. Fremdartigkeitsgefühle, Unsicherheit und Mitleid gegenüber Sportlern mit einer körperlichen Funktionseinschränkung behindern nach wie vor den normalen Umgang mit dem Behindertensport. Was kann getan werden?

Im technischen Zeitalter läßt sich am besten über mediale Multiplikatoren aufklären. Vorbehalte und diffuse Ängste gegenüber behinderten Sportlerinnen und Sportlern können bei nichtbehinderten Außenstehenden möglicherweise gerade mittels adäquater Medienberichte abgebaut werden. Und am meisten Aufmerksamkeit lässt sich eben erreichen, wenn man in den Sportplattformen der großen Sendeanstalten präsent ist, was auch aus ökonomischer Sicht am meisten bringt. Andererseits: Sport wird heute zu hohen Preisen im TV verkauft und muss deshalb auch verkäuflich sein. Weil das eine besser als das andere vertrieben werden kann, aus welchen Gründen auch immer, hegen die elitären Sportmedien überhaupt nicht den Anspruch, die Sportwelt wirklichkeitsgetreu abzubilden. Sicherlich, die Leistungen der Athletinnen und Athleten wären dort in höchstem Maße erwähnenswert. Jedoch zu glauben, bald regelmäßig in den Sportstudios vertreten sein zu können, erscheint nach wie vor utopisch. Der Behindertensport wird selektiert, auch weil die Behinderung aufgrund aktueller Denkmuster nicht ins Schema der deutschen TV-Sportwelt paßt. Mehr als die Berichterstattung über die absoluten Top-Events ist nicht in Sicht, obwohl sich alle wenig beachteten Sportverbände mehr Sendezeit herbeisehnen. Gemessen an den knapp 300.000 Mitgliedern des DBS und der Anzahl der aktiven Leistungssportler (rund 3.000) schneidet der Behindertensport in den bundesweiten Tageszeitungen und Magazinen sowie bei Sendungen in den regionalen und dritten Fernsehprogrammen nicht schlechter ab als vergleichbare Sportarten. Was bislang weitgehend fehlt, ist indes die Fernsehberichterstattung über wichtige nationale Ereignisse wie beispielsweise Deutsche Meisterschaften.

Inzwischen gehen manche Verbände sogar dazu über, fürs Fernsehen zu bezahlen – ein aus journalistischer Sicht überaus fragwürdiger Weg. Während diese Vorgehensweise vor allem von monetären Interessen geleitet ist, geht es für den Behindertensport, der vom Bundesministerium des Innern (BMI) finanziell ausreichend ausgestattet wird, um mehr. Um annähernd gleichberechtigte Anerkennung, um Normalität. Und nicht allein für die kleine Gruppe der behinderten Sportlerinnen und Sportler, sondern für die große Masse der Behinderten an sich. Aber Verzagen hilft auch nicht. Angesichts der offenkundigen Vorbehalte muß sich der Behindertensport nur bewußt sein, daß er mehr als andere an seiner Außendarstellung zu feilen und dementsprechend zu handeln hat.

Erste Schritte hin zu einer besseren eigenen Darstellung sind getan. 69 Prozent der Sportjournalisten waren 1994 der Ansicht, dass die Informationen, die seitens des Behindertensports zu den Medien fließen, zu dürftig sind. Mittlerweile werden Journalisten über eine vom Deutschen Behinderten-Sportverband (DBS) beauftragte Agentur regelmäßig mit Terminen und Informationen versorgt.

Daß sich Sportjournalisten wenig beachtetem Sport heutzutage aus eigenem Antrieb widmen, passiert eher selten. Und gutgemeinte Aufrufe, sich mehr mit dem Behindertensport zu beschäftigten, machen auch nur wenig Sinn. Von den etablierten Sportarten Fußball, Tennis, Motorsport und Boxen an den Rand gedrängt, haben es alle anderen Sportarten schwer, Zugang in die Sportmedieninhalte zu finden. Und der DBS ist insofern in einer schwierigeren Lage, weil er ein DSB im kleinen ist und für Außenstehende kaum zu überschauen. Deshalb kann auch bei großem Engagement nicht zwangsläufig mit mehr Beachtung gerechnet werden. Regionale Versuche engagierter Behindertensport-Landesverbände haben gezeigt, dass auch bei professioneller Information der Medien zu herausragenden sportlichen Ereignissen die Resonanz mehr als gering blieb. Zugang zur überregionalen Sportberichterstattung finden überregionale Behindertensport-Veranstaltungen außer den vielbeachteten Paralympics so gut wie nicht. Nur professionelle Medien- und Öffentlichkeitsarbeit scheint nicht auszureichen, um die gewünschte Präsenz zu erlangen. Das hat auch der DBS erkannt und geht inzwischen dazu über, aufklärende Seminare für Journalisten zu veranstalten. Ein erster Schritt in die richtige Richtung. Denn klar ist, dass sich diffuse Vorbehalte und negative soziale Reaktionen zum einen nicht von alleine und zum anderen nicht mit einem Mal auflösen.

Es sind aber nicht allein die Vorbehalte von außen. Um über die Sportwettkämpfe behinderter Athletinnen und Athleten genauso zu berichten wie über die Veranstaltungen Nichtbehinderter, ist es wichtig, in der Frage der Schadensklassen zu einem für alle Beteiligten tragbaren Konsens zu kommen. Wie diese Untersuchung ermittelte, halten Sportjournalisten eine Reduzierung der Schadensklassen generell für sinnvoll. Auch dem Klischee des wegen der unzähligen Schadensklassen vergleichsweise konkurrenzlosen Behindertersportlers könnte so entgegengearbeitet werden – die behinderten Sportlerinnen und Sportler würden dem leistungsorientierten Schema der Sportberichterstattung besser entsprechen.

Die Kehrseite der Medaille: Eine Klassenzusammenlegung führt zum Leistungsvergleich von Sportlern mit verschiedenartigen Behinderungen. Deutlich wird dabei, dass sich die Argumente einerseits für medizinische Gerechtigkeit und andererseits für eine bessere Transparenz des Behindertensports nie auf einen Nenner bringen lassen werden. Wie weit es letztlich möglich und sinnvoll ist, die Klassen zu reduzieren, ist eine der brisantesten Fragen in den internen Diskussionen der Behindertensport-Verbände.

Für den Behindertensport gilt es, nicht allein in großen Dimensionen zu denken. Ein kontinuierlicher Aufbau der Medienarbeit auf lokaler Ebene könnte ein wichtiger Schritt in die richtige Richtung sein, könnte ein Fundament errichten, auf dem weiter gebaut werden kann. Erfahrungsgemäß sind Lokalredakteure am ehesten dazu bereit, Behindertensport in ihr Blatt zu heben. Denn im Lokalen interessiert vorrangig der regionale Bezug. Gleichwohl bedarf es gerade in diesem Bereich zielgerichteter Information der Pressevertreter. Von selbst geschieht auch hier nichts. Immer wieder sind erstaunliche Defizite in Vereinen und Landesverbänden festzustellen, wenn es um das Thema Pressearbeit geht. Immer wieder wird davon ausgegangen, dass die Zeitung eigentlich über dies oder jenes zu berichten hätte. Wie dies oder jenes allerdings in die Zeitung kommt, darüber macht man sich oft keine Gedanken.

In den Tageszeitungen gehören die Lokalseiten heute zu den am aufmerksamsten gelesenen Informationen. Und hier können durch die regionale Verbundenheit des Lesers „richtige" Medienberichte viel zum Abbau von negativen Einstellungen beitragen. Im Sportteil lokaler und regionaler Tageszeitungen haben Behindertensportereignisse mittlerweile ihren festen Platz gefunden.

Wenn sie richtig mit dem Behindertensport bekannt gemacht werden, sollten sich Sportjournalisten nicht scheuen, auf behinderte Leistungssportler unbekümmert zuzugehen. Berührungsängste oder Tabus von Seiten der Athletinnen und Athleten gibt es kaum. Sie sind es gewöhnt, ihr Handikap im Sport zur Schau zu stellen. Und im allgemeinen reagieren sie auch auf „verunglückte" Reporterfragen angemessen, wenn sie zuvorderst als Sportler betrachtet werden.

Zusammenfassung:

Über eine Fragebogen-Untersuchung unter Sportjournalisten und Sportrezipienten wurden Einflussfaktoren der Berichterstattung über Behindertensport geprüft. Die entscheidenden Ergebnisse waren:

- Journalisten, die bislang noch nicht über Behindertensport berichteten, wiesen signifikant höhere Werte bei der Einstellungs-Facette „Fremdartigkeit" auf als Journalisten, die bereits darüber berichtet hatten.

- Rezipienten, die Behindertensport noch nicht in den Medien verfolgten, wiesen signifikant höhere Werte bei der Einstellungs-Facette „Unsicherheit" auf als Rezipienten, die bereits über die Medien in Kontakt mit Behindertensport geraten waren.

- Im Mittel wiesen Journalisten höhere Werte bei den Einstellungs-Facetten „Vermeidung der Begegnung" und „Bagatellisierung des Problems" auf als Rezipienten. Demgegenüber wurden bei den Rezipienten deutlich höhere Mitleidswerte ermittelt.

- Die Mehrheit der Sportjournalisten plädierte für weniger Schadensklassen im Behindertensport und stufte zum Zeitpunkt der Untersuchung die defizitäre Öffentlichkeitsarbeit des Behindertensports als hinderlich für die eigene Berichterstattung ein.

- Erstaunlich war, dass sich 61,9 Prozent der Sportjournalisten wünschten, mehr über Behindertensport zu berichten. Gar 83,3 Prozent der Sportrezipienten plädierten für mehr Behindertensport in den Medien. Allerdings sollten diese Werte mit Blick auf die Tendenz von Versuchspersonen, Fragen sozial erwünscht zu beantworten, vorsichtig interpretiert werden.

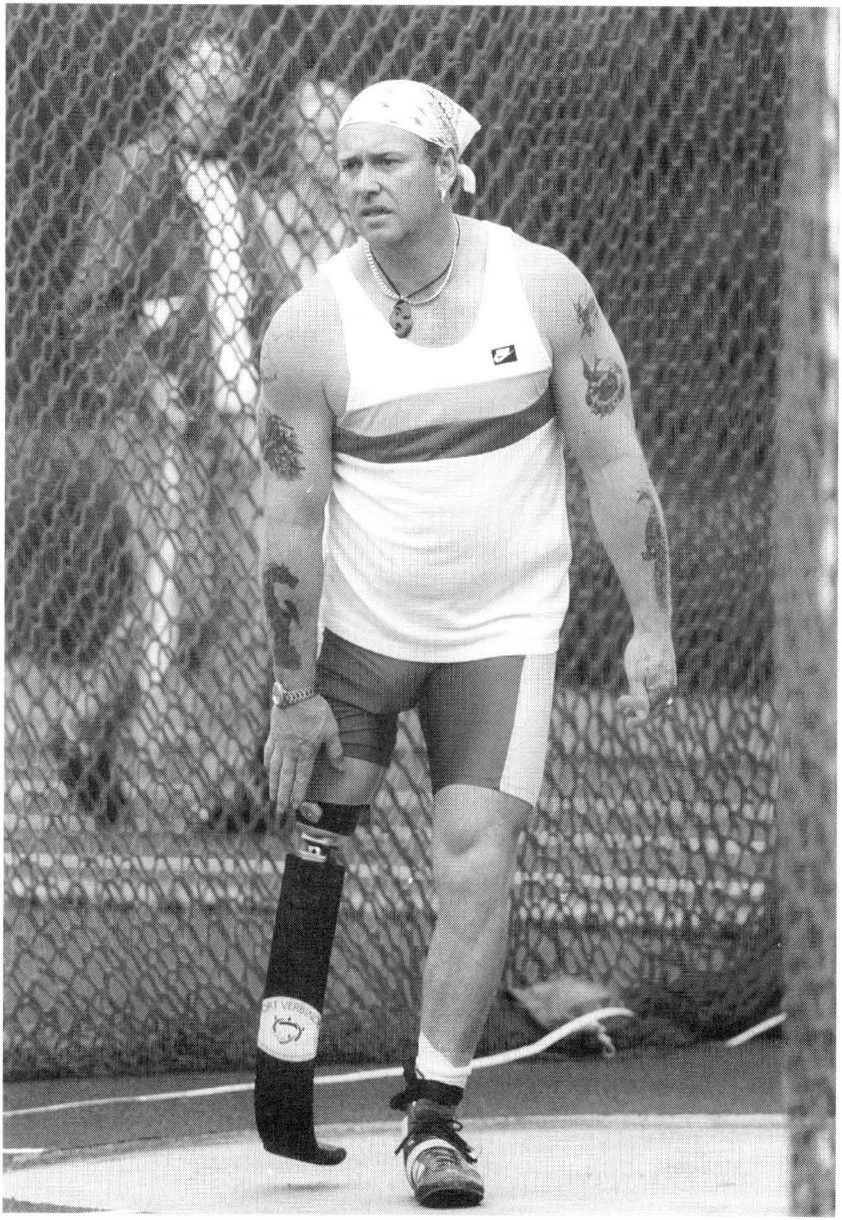

3 Paralympics 1996 in Atlanta und die Medien

> **Im dritten Kapitel:**
>
> Die deutsche Medien-Berichterstattung von den Paralympics 1996 in Atlanta wird unter die Lupe genommen. Neben detaillierten Zahlen und Fakten zu den Paralympics kommen auch Aktive, Funktionäre und Journalisten selber zu Wort.

3.1 Einleitung

Geht es um die Paralympics, ist es immer wieder üblich, Parallelen zur vorher ausgetragenen Olympiade zu ziehen. Denn die Paralympics sind nicht weniger als das zweitgrößte sportliche Weltereignis, und sie nähern sich dem „großen Bruder" zusehends. Vom 15. bis 25. August 1996 trafen sich in Atlanta im US-amerikanischen Bundesstaat Georgia über 3.200 Sportlerinnen und Sportler aus 127 Nationen zum Medaillen-Wettstreit in 17 Sportarten. 227 Deutsche erhofften sich in Atlanta persönlichen Erfolg, aber nicht zuletzt auch die öffentliche Anerkennung ihrer sportlichen Leistung. Die deutschen Leistungen wurden, gemessen an der früheren Berichterstattung, besser öffentlich honoriert denn je. Dennoch stehen die Paralympics weiterhin im Schatten der Olympischen Spiele, können sich weiterhin nicht im Entferntesten mit deren Dimension messen. Der Präsident des Deutschen Behinderten-Sportverbands (DBS), Theodor Zühlsdorf, bilanzierte ein Jahr nach den Atlanta-Paralympics in einem persönlichen Gespräch:

„Atlanta war ein günstiger Zeitpunkt, öffentliche Aufmerksamkeit zu bekommen. Im Gegensatz zu Barcelona, wo die Situation natürlich ähnlich war, haben wir jetzt kontinuierlich nachgelegt. Mit ausschlaggebend war sicherlich, daß wir im

Vorfeld eine Konzeption hatten, die auch weiter Anwendung finden soll. Das gute Abschneiden der Mannschaft und vor allen Dingen die Unterstützung der Politik durch alle politischen Parteien hinweg, die mit Vertretern während der Paralympics vor Ort waren, haben natürlich ebenso beigetragen. Positiv war zudem die inhaltliche Ausrichtung hin zur rein sportlichen Berichterstattung."

Die öffentliche Reaktion auf die Paralympics wurde später dennoch höchst unterschiedlich beurteilt. So hatten etwa Politiker des hessischen Landtags scharfe Kritik an der *ARD*- und *ZDF*-Berichterstattung von den Paralympics geübt. Die Öffentlich-Rechtlichen seien ihrer Verpflichtung, über Minderheiten und Benachteiligte zu berichten, nicht nachgekommen, hieß es. Der DBS hingegen wies die geäußerte Kritik energisch zurück. Von Diskriminierung könne keine Rede sein, sagte Präsident Theodor Zühlsdorf, die Berichterstattung sei ein großer und ganz wesentlicher Schritt nach vorne gewesen.

3.2 Die Berichterstattung in Zahlen

In der Dokumentation des Medienechos auf die Atlanta-Paralympics (erstellt von der vom DBS beauftragten Agentur Rühl/Rugo Kommunikation) heißt es: „Sowohl quantitativ nach der Zahl der Veröffentlichungen als auch qualitativ nach Inhalt und Aufmachung der einzelnen Berichte läßt sich feststellen, daß sich die Veröffentlichungen gegenüber den Paralympics '92 Barcelona bzw. der Leichtathletik-Weltmeisterschaft Berlin (1994, Anm. d. Autoren) um einige 100 % gesteigert haben." Zudem wird angemerkt, daß „praktisch alle" TV- und Hörfunksender regelmäßig und teilweise ausführlich über die Paralympics berichtet hätten. Weiter heißt es: „Inhaltlich ist hierbei wesentlich, daß die Berichterstattung fast durchweg innerhalb der Sportberichterstattung der jeweiligen Medien erfolgte. Daneben ist wichtig, daß viele lokale und regionale Medien gezielt über das Abschneiden einheimischer Paralympicsteilnehmer berichtet haben". Gemäß dieser Dokumentation wurde in 1.290 Fernsehbeiträgen insgesamt 406,3

Minuten über die Paralympics berichtet. Darüber hinaus wurden in allen öffentlich-rechtlichen sowie den großen privaten Hörfunkanstalten täglich Berichte über die Paralympics 1996 registriert (RÜHL/RUGO KOMMUNIKATION 1996). Das Interesse der Printmedien belegen nach Angabe der Dokumentation 7.804 Artikel mit einer Gesamtauflage von über 300 Millionen Exemplaren (Stand: September 1996). Blickt man genauer in die Auflistung der TV-Sendungen, ist indes zu erkennen, dass der längste Beitrag eine Stunde dauerte und nur sieben Berichte (0,5 Prozent der Gesamtberichterstattung) länger waren als zehn Minuten.

Den Anteil der Paralympics-Berichterstattung am Sportteil dreier Tageszeitungen (*Frankfurter Allgemeine Zeitung*, *Rhein-Zeitung* und *Bild*) während der Atlanta-Paralympics ermittelte ENTING (1997). In den Ausgaben vom 13. bis 27. August 1996 enthielt demnach die *FAZ* durchschnittlich 10,36 Prozent, die *RZ* 7,47 Prozent und *Bild* 0,33 Prozent Berichterstattung über die Paralympics im Sportteil. Während die Paralympics so nach Fußball (46,67 Prozent) im untersuchten Zeitraum an zweiter Stelle der Rangfolge der Sportarten in der *FAZ* standen und an dritter Stelle in der *RZ* (nach Fußball und Leichtathletik), kamen sie in *Bild* nur auf Platz neun. Dabei nahm der *Bild*-Sportteil mit durchschnittlich 30,96 Prozent Anteil am Gesamtumfang den größten Raum innerhalb der untersuchten Zeitschriften ein (*FAZ*: 6,09 Prozent).

Bei der Berichterstattung über die Paralympics beschränkte sich *Bild* – entgegen den sonstigen Gepflogenheiten – weitgehend darauf, die Leistungen der Athletinnen und Athleten in kurzen Nachrichten zu schildern. „Möglicherweise liegt es daran, daß die behinderten Athleten nicht interessant genug sind bzw. Behindertensport nicht der geeignete Lesestoff ist, mit dem eine Straßenverkaufszeitung die Unterhaltungsbedürfnisse ihrer Leserschaft befriedigen kann. Vielleicht steht aber auch die Thematik des Behindertensports der Identität der *Bild*-Zeitung als leicht konsumierbare Unterhaltungsware entgegen – da paßt ein ausführlicher Bericht über den nach einem Reitunfall querschnittgelähmten ‚Supermann' Christopher Reeves (vgl. *Bild*-Zeitung vom 23.8.1996) selbstverständlich besser ins Bild, der an Tragik, Dramatik, Sensation und Unterhaltung natürlich nichts zu wünschen übrig läßt" (ENTING, 1997, 112).

3.3 Stimmen

Nach den Paralympics von Atlanta versandten wir an einige Aktive und Funktionäre einen Fragebogen und befragten sie nach ihren Ansichten zum Verhältnis zwischen dem Leistungssport behinderter Menschen und den Medien. Ihre schriftlichen Antworten zitieren wir anschließend zusammengefasst im Wortlaut.

Die Fragen:

1. Waren Sie mit der Medienresonanz auf Ihre Leistungen während der Atlanta-Paralympics zufrieden? (Funktionäre: Waren Sie mit der Medienresonanz während der Atlanta-Paralympics zufrieden?)

2. Inwiefern hat sich die Berichterstattung der Medien über Behindertensport Ihrer Ansicht nach in den vergangenen Jahren quantitativ und qualitativ verändert? Können Sie Beispiele aus dem persönlichen Bereich nennen?

3. Gab es bei den Paralympics in Atlanta besonders positive oder negative Erfahrungen mit Medienvertretern?

4. Was sollte sich Ihrer Meinung nach im Beziehungsfeld Behindertensport – Medien noch ändern, wo liegen die Defizite, wo sind der Entwicklung Ihrer Ansicht nach eventuell Grenzen gesetzt?

**Folgende Sportlerinnen und Sportler antworteten
auf unsere Fragen:**

Name	Sportart
Manfred Kohl	Volleyball
Marianne Buggenhagen	Leichtathletik
Claudia Hengst	Schwimmen
Klaus Meyer	Leichtathletik/Marathon
Esther Weber-Kranz	Fechten
Roberto Simonazzi	Leichtathletik
Christian Zeilermeier	Judo
Lily Anggreny	Leichtathletik

Folgende Funktionäre antworteten uns:

Name	Funktion
Theodor Zühlsdorf	DBS-Präsident
Dr. Karl Quade	Chef de Mission in Atlanta
Dieter Keuther	DBS-Geschäftsführer
Heiner Rust	DBS-Vizepräsident

3.3.1 Sportler

Manfred Kohl

Sportart:	Volleyball
Verein:	TSV Rot-Weiß Auerbach
Größte Erfolge:	Goldmedaillen bei Paralympics
Erfolg in Atlanta:	Goldmedaille mit dem deutschen Team

Mit der Presseberichterstattung war ich zufrieden, wobei allerdings nicht vergessen werden darf, dass ich „meine" heimischen Medien mit einigem Aufwand selbst zur Berichterstattung animiert habe bzw. dies vielleicht sogar mußte. Die Textbeiträge waren sachlich richtig. Leider gab es noch nie Bilder von Spielszenen im Volleyball! Die Fernsehberichterstattung war leider gewohnt zusammenfassend-überblicksartig orientiert, die Auswahl der Themen, Sportler etc. schien eher zufällig zu sein. Täglich aktuelle Berichterstattung blieb weiter ein frommer Wunsch: so wird das Ereignis nicht richtig wiedergegeben und den Leistungen nicht gerecht.

Die Beiträge werden mehr und mehr zu echter Sportberichterstattung, finden sich im Sportteil der Zeitungen wieder und enthalten immer weniger sachlich-fachliche Fehler. Wir haben 1994 ein eigenes Infoheft über die Volleyball-Nationalmannschaft der Behinderten mit einer Auflage von 5.000 Exemplaren herausgegeben und dieses auch dazu genutzt, Medienvertreter besser über Regelwerk, Geschichte, Behinderungen etc. zu informieren. Die Beiträge – auch die der elektronischen Medien – wurden sofort spürbar qualitativ besser!

Eigentlich gab es in Atlanta nur positive Erfahrungen mit Medienvertretern: Über die Handys der Mannschaftsleitung waren wir praktisch überall und jederzeit erreichbar. Konsequenz: Live-Interviews mit Hörfunk-Stationen in der Heimat war praktisch täglich auf der Tagesordnung. Dies war eine komplett neue Erfahrung für uns Spieler! Doch noch etwas Negatives: Die Klassifizierung unseres Sports unter „Behindertensport" und nicht unter Schwimmen, Tischtennis, Volleyball etc., gespielt/betrieben von behinderten Sportlerinnen und Sportlern.

Die Komplexität des Behindertensports lässt sich nicht unbegrenzt weiter mediengerecht vereinfachen, so dass hier meiner Meinung nach die Sache selbst eine Grenze setzt – es sei denn, die Medienlandschaft würde sich in Kürze grundlegend verändern. Andererseits würde mich schon einmal interessieren, wie ein Behindertensport-Event aussehen müßte/würde, wenn ihn sich die Medien „zurechtstricken" dürften, um dann ausführlich, live und umfassend über ihn zu berichten. Langfristig sollte es mehr und mehr kompetente Journalisten ohne Berührungsängste geben, und es muß einen DBS geben, der weiter auf seinem Weg zur moderner Öffentlichkeitsarbeit fortfährt.

Marianne Buggenhagen

Sportart:	Leichtathletik und Rollstuhl-Basketball
Verein:	SC Berlin
Größte Erfolge:	Jeweils vier Goldmedaillen bei den Paralymics 1992 in Barcelona und den Weltmeisterschaften 1994 in Berlin (Kugel, Speer, Diskus, Fünfkampf), EM-Silber mit der Basketball-Nationalmannschaft 1993, ARD-Sportlerin des Jahres 1994
Erfolge in Atlanta:	Zwei Goldmedaillen (Kugel, Diskus) sowie Bronze im Speerwurf

Die Paralympics in Atlanta wurden regional gut vermarktet, weil erfolgreiche Berliner dabei waren. Ansonsten war die Medienresonanz dürftig. Im Vergleich zu den Olympischen Spielen hatten wir höchstens 1/10 der Sendezeit in den öffentlichen Fernsehsendern. Durch Rundfunk und Presse wurde regional etwas mehr berichtet.

An einem Beispiel möchte ich eine negative Rundfunkübertragung schildern: Eine Reporterin aus Niedersachsen vertrat mir gegenüber die Meinung, dass ich an den Paralympics teilnehme, weil ich behindert bin. Von Nominierungskriterien und Qualifizierungswettkämpfen hatte sie noch nie etwas gehört. Aus Deutschland haben nur zwölf Rollstuhl-Leichtathleten die Nominierung geschafft.

Positiv ist zu erwähnen, dass man in Atlanta von den Medienvertretern nicht belagert wurde, sondern dass feste Treffpunkte (z.B. Deutsches Haus) eingerichtet wurden. Man hatte dann auch die Möglichkeit, persönliche Absprachen oder Treffs zu organisieren.

Im Behindertensport wird fast immer über den Behinderten, so gut wie nie über den Sportler berichtet. Athleten im Rollstuhl oder mit anderen Beeinträchtigungen träumen von der „Normalität" der Berichterstattung. Normalität, die einschließt, dass man Resultate bewertet. Nicht bei jedem Wettkampf ist man in Höchstform, doch behinderten Sportlern wird derzeit, wenn denn mal über sie berichtet wird, stets mildtätiger Beifall gezollt, wenn sie nur Sport treiben. Durch die vielen Schadensklassen wird es dem Berichtenden auch schwer gemacht. Man muß sich über den Behindertensport erst richtig informieren, um Weiten und Zeiten korrekt zu bewerten. Mein ganz persönlicher Wunsch wäre, wenn ein Sportchef seinen Redakteur zu einem Meeting schickt und sagt: „Sieh dir das mal an, da liegt etwas in der Luft! Und denk dran: Mit Behindertensport machen wir Auflage ..."

Claudia Hengst

Sportart:	Schwimmen
Verein:	BSV München
Größte Erfolge:	Mehrfache Paralympicssiegerin
Erfolge in Atlanta:	Gold über 100 m und 50-m-Freistil, Silber mit der 4x100-m-Lagen-Staffel, Bronze über 200-m-Lagen, 400-m-Freistil und mit der 4x100-m-Freistil-Staffel

Mit den Reaktionen in der regionalen Presse des Landkreises Fürstenfeldbruck war ich sehr zufrieden. Auf Wunsch der Lokalredaktion des Fürstenfeldbrucker Tagblattes habe ich die täglich telefonisch über alle Neuigkeiten informiert, was eine sehr regelmäßige und aktuelle Berichterstattung zur Folge hatte. Über die Resonanz in den Münchner oder bayerischen Medien war ich allerdings doch etwas enttäuscht, da sie abgesehen von den in allen größeren deutschen Zeitungen veröffentlichten dpa-Artikeln mit mehr oder weniger vollständiger Aufzählung der deutschen Medaillengewinner vom Tage, leider gleich Null war. Schade war auch, dass die Ergebnisse des letzten Wettkampftages (wir Schwimmer hatten auch am Tag der Schlußfeier noch Wettkämpfe) gar nicht oder nur sehr verstümmelt in Deutschland ankamen.

Alle vier Jahre, sprich immer zu den Paralympics, gibt man sich sehr große Mühe, den Behindertensport in die Medien zu bekommen. Ich denke, ein leichter

Trend zu etwas mehr und hauptsächlich auch aktuellerer Berichterstattung von den Paralympics läßt sich erkennen. Allerdings darf das nicht darüber hinweg täuschen, dass in den Jahren zwischen den Paralympics der Behindertensport in den Medien auch weiterhin fast nicht beachtet wird.

Ich hatte in Atlanta nur wenig Kontakt zu Medienvertretern und kann leider auch über die erstmals stattfindenden Pressekonferenzen nichts sagen, da ich als Schwimmerin mit relativ vielen Starts keine Gelegenheit hatte, zur Mittagszeit (Vorläufe!) ins Deutsche Haus zu fahren. Zu den Pressekonferenzen möchte ich noch anmerken, dass ich einen Zeitpunkt, zu dem ein großer Teil der Sportler wegen Wettkampfverpflichtungen (bei den Schwimmern, immerhin der erfolgreichste Mannschaftsteil des DBS in Atlanta, sicher über 75 Prozent) nicht erscheinen kann, für sehr unglücklich gewählt halte. Zu den positiven Erfahrungen mit Medienvertretern gehören sicher die Zusammenarbeit mit der lokalen Presse und mit dem ZDF im Rahmen von ein paar Hintergrundaufnahmen in Atlanta und einem Interview für die 60-minütige Zusammenfassung von den Paralympics. In beiden Fällen hat mich auch das Ergebnis der Zusammenarbeit überzeugt.

Der wichtigste Punkt im Beziehungsfeld Behindertensport – Medien ist wohl, eine kontinuierliche Berichterstattung über den Behindertensport anzustreben. Dazu müssten allerdings als Erstes im Verband Strukturen geschaffen werden, die es ermöglichen, den Pressevertretern Informationen zu liefern. Es ist schon etwas peinlich, wenn man nach einer WM oder EM von Medienvertretern erfährt, dass sie sich verzweifelt darum bemüht haben, Ergebnisse der Veranstaltung unter anderem auch beim DBS in Erfahrung zu bringen, aber niemand etwas wusste und auch keiner sagen konnte, wo man Infos darüber erhalten könnte. Der Entwicklung sind sicherlich, wie im Nichtbehindertensport auch, je nach Sportart unterschiedliche Grenzen gesetzt.

Klaus Meyer

Sportart:	Leichtathletik – Marathon (früher Sprinter)
Verein:	Spiridon Frankfurt
Größte Erfolge:	2. Platz Marathon-WM 1994 in Berlin; 3. Platz 10.000 m EM 1995 in Valencia; jeweils 2. Platz 100 m und 400 m EM 1983 in Warna (Bulgarien); 2. Platz 400 m Paralympics 1980, Arnheim (Niederlande)
Erfolg in Atlanta:	4. Platz im Marathon

Vor den Paralympics war die Berichterstattung in den lokalen und überregionalen Medien gut. Mein Wettkampf fand am letzten Tag der Spiele statt. Die Amerikaner haben an diesem Tag bereits damit begonnen – noch während der letzten Wettkämpfe –, das Stadion abzubauen. Die Medienvertreter hatten ihre Zelte entweder bereits abgebrochen oder harrten in großer Erwartung der noch stattfindenden Abschlußfeier. Die Resonanz in den Medien nach der Rückkehr war aus meiner Sicht und meine Person betreffend gut.

Quantitativ hat die Berichterstattung über Behindertensport zugenommen. Nach wie vor beschränkt sich diese aber im wesentlichen auf Großveranstaltungen wie Paralympics und evtl. Weltmeisterschaften. Europameisterschaften werden nicht berücksichtigt, von Deutschen Meisterschaften ganz zu schweigen. Qualitativ hat sich manches zum Positiven entwickelt. Es gibt immer mehr Journalisten, die es nicht nur toll finden, dass Behinderte in eine Sandgrube springen (Weitsprung), sondern sie haben gelernt, die jeweiligen Leistungen einzuordnen und zu bewerten. Eine Berichterstattung im Stile von „Aktion Sorgenkind" wird aber wohl in Deutschland nie endgültig verschwinden. Unterschieden werden muß zwischen Printmedien auf der einen und Rundfunk und Fernsehen auf der anderen Seite. Die Vertreter der schreibenden Zunft erscheinen in aller Regel kompetenter und informierter, was sich auch in der Qualität ihre Berichterstattung niederschlägt. Vielleicht haben sie auch mehr Zeit und vielleicht auch mehr Platz als ihre Kollegen beim Rundfunk oder Fernsehen.

Während der Spiele selbst hatte ich keinen unmittelbaren Kontakt zu Journalisten. Aber die täglich stattfindenden Pressekonferenzen im Deutschen Haus und die Präsentation der Medaillengewinner fanden einen positiven Anklang.

Sinnvoll und hilfreich wäre, wenn es noch mehr Journalisten gäbe, die sich inhaltlich mit dem Behindertensport befassen würden. Dies ist allein schon deshalb erforderlich, um die Vielzahl der Klassen unterscheiden und einordnen zu können (ich kann es nicht). Ein Problem übrigens, das eine breitere Berichterstattung nicht gerade erleichtert. Weiterhin wäre eine kontinuierliche Berichterstattung wichtig. Hier liegt eine große Chance bei den Printmedien. Sie haben eher die Möglichkeit, beispielsweise die Ergebnisse von Bundesligen der Rollstuhl-Basketballer regelmäßig zu melden. Größeres Gewicht sollte auf die Berichterstattung im lokalen Bereich gelegt werden. Hier sind die Chancen größer, berücksichtigt zu werden. Die Sportberichterstattung wird von einigen Sportarten dominiert; diese bringen die Einschaltquoten und somit auch das Geld. Der Behindertensport wird – wie viele andere Sportarten auch – über den Status einer Randsportart nicht hinauskommen.

Esther Weber-Kranz

Sportart:	Rollstuhlfechten
Verein:	FC Tauberbischofsheim / SV Waldkirch
Größte Erfolge:	1992 Paralympics in Barcelona: Gold im Degeneinzel, 1997 Europameisterschaft in Paris: Doppel-Europameisterin (Degen-Einzel und -Mannschaft)
Erfolge in Atlanta:	Silber Degen-Mannschaft, Bronze Degen-Einzel, Bronze Florett-Mannschaft, Bronze Florett-Einzel

Mit der Medienresonanz auf meine Leistungen während der Atlanta-Paralympics war ich nicht zufrieden, trotz eines ausführlichen Beitrags (zirka acht Minuten) anläßlich der Zusammenfassung im ZDF durch die Redaktion „Gesundheits-

Paralympics 1996 in Atlanta und die Medien 111

magazin Praxis". Trotz einer Pressekonferenz, an der die erfolgreichen Fechterinnen teilnahmen – also auch ich –, und einer daraus resultierenden Ergebnismitteilung durch dpa erfolgte keine weitere Resonanz. Auch der ZDF-Beitrag ist in erster Linie nicht auf die Erfolge in Atlanta zurückzuführen, sondern aufgrund meines Bekanntheitsgrades seit den Barcelona-Paralympics zustande gekommen.

Gegenüber Barcelona 1992 war in Atlanta festzustellen: fehlende Berichterstattung regionaler Medien (Tageszeitungen), quantitativ weniger TV-Übertragung (Eurosport ca. drei Stunden/1996 gegenüber 17 Stunden/1992 und DSF „salto nullo"/1996 gegenüber ca. sechs Stunden/1992) und Hörfunkbeiträge sowie eine auf Ergebnisübermittlung reduzierte Agenturarbeit durch dpa und sid – bis auf wenige Ausnahmen –, die 1992 auch mit umfangreichen Hintergrundinformationen und -geschichten aufwarteten. Qualitative Verbesserungen waren lediglich festzustellen bei den Sendeanstalten ARD und ZDF, nicht zuletzt aufgrund der regelmäßigen Berichterstattung in den Morgen- und Mittagsmagazinen sowie „Tagesschau", „Tagesthemen" und „heute journal". Allerdings handelte es sich hierbei um Kurzbeiträge oder Meldungen. Seitens des ZDF war im Gegensatz zu Barcelona ein Vertreter der Sportredaktion nur wegen eines Beitrags über Frank Höfle vor Ort. Außer in zwei Berliner Tageszeitungen und vor allem in der Frankfurter Rundschau erschienen in den anderen großen Tageszeitungen gegenüber Barcelona 1992 kaum Beiträge eigener Mitarbeiter, oder sie fehlten ganz.

Besonders positive oder negative Erfahrungen mit Medienvertretern gab es bei den Paralympics in Atlanta nicht.

Roberto Simonazzi

Sportart:	Leichtathletik – Kugel, Diskus, Speer, Fünfkampf
Verein:	TSV Schwabmünchen
Größte Erfolge:	Paralympicssieger 1992 im Fünfkampf, Weltmeister 1990 im Fünfkampf und mit dem Diskus.
Erfolg in Atlanta:	Dritter im Speerwurf

Mit der Medienresonanz auf meine Leistungen während der Atlanta-Paralympics war ich nicht zufrieden. Vor Ort kam überhaupt kein Medienvertreter auf mich zu, zu Hause wurde nur in der Tageszeitung berichtet.

Die Berichterstattung hat generell zugenommen, wobei sie immer noch ein großes Defizit aufweist, was die nationale Seite, sprich Deutsche Meisterschaften, Landesmeisterschaften usw. betrifft. Eine qualitative Verbesserung hat stattgefunden. Man kommt jetzt etwas weg von der sozialen, mitleidigen Komponente. Probleme gibt es immer noch, da die Reporter mit Behinderung oder Behindertensport nicht umgehen können. Das ist Ihnen fremd (Unsicherheit). Zu meinen persönlichen Erfahrungen: Artikel, die über mich geschrieben wurden, fingen immer mit meiner Leidensgeschichte an. Probleme gab es auch, die Leistungen zu relativieren.

Besonders positive oder negative Erfahrungen mit Medienvertretern in Atlanta gab es gar keine, ich habe keinen zu Gesicht bekommen.

Zum Beziehungsfeld Behindertensport – Medien:

- Der Behindertensport (Verband) sollte keine Angst haben, sich öffentlich zu zeigen.
- Die einzelnen Verbände bedürfen viel aggressiveren Pressesprechern, die immer wieder auf die Sache aufmerksam machen.
- Die Arroganz der Medienvertreter müsste abgebaut werden.
- Das Wissen vom Behindertensport sollte zumindest bei einigen Reportern verbessert werden.
- Die Grenze ist das Geld. Es fließt keines im Behindertensport, man kann nichts damit verkaufen. Kein Interesse der Wirtschaft, kein Interesse der Medien.

Christian Zeilermeier

Sportart:	Judo (Gewichtsklasse bis 66 kg)
Verein:	SV Lohhof
Größte Erfolge:	Dritter Platz bei den Deutschen Hochschulmeisterschaften 1996 (Nichtbehinderte), Weltmeister 1995 (Sehgeschädigte)
Erfolg in Atlanta:	Fünfter Platz

Das Medieninteresse hielt sich in Atlanta zwar in Grenzen, jedoch konnte sich jeder, der mich kannte und sich für meine Plazierung interessierte, über Videotext und Zeitung informieren. Somit war das besser als sonst.

Im Bereich des Judo bin ich aufgrund meiner Erfolge mittlerweile sehr bekannt. Bei Veranstaltungen mit Nichtbehinderten werde ich ständig angesprochen, befragt oder sogar persönlich vom Veranstalter vorgestellt. Da Judo jedoch eine Randsportart ist und sogar ein Olympiasieger wie Udo Quellmalz nur in Fachkreisen bekannt ist, beschränkt sich die Popularität auf den elitären Kreis der Judo-Sportler.

In Atlanta habe ich keine besonderen Erfahrungen mit Medienvertretern gemacht.

Zum Beziehungsfeld Behindertensport – Medien: Die Berichterstattung, besonders in Radio und Fernsehen, könnte wesentlich besser sein. Denn vergleicht man die Sendezeiten anderer Sportarten mit denen des Behindertensports, ist ein absolutes Missverhältnis zu erkennen. So finden derzeit permanent Übertragungen von Sportarten wie Tennis oder Ski-Alpin (Männer) statt, obwohl dort die „große Zeit" der Deutschen (Becker, Stich, Wasmeier) vorüber ist. Die Berichterstattung in den Printmedien ist aber mittlerweile ganz ordentlich. Defizite liegen in der Vermarktung des Behindertensports. Ohne ein ordentliches Marketing, Sponsoren und „Typen", die den Behindertensport publik machen, können diese Defizite nicht beseitigt werden. Dazu muss sich aber das System des Behindertensports grundlegend ändern. Die Schadensklassen, Gruppierungen usw. müssen wesentlich transparenter gestaltet werden. Für das Marketing müssten sich Profis engagieren und nicht altgediente Funktionäre, wie sie in jedem Dorf-Fußballverein zu finden sind.

Lily Anggreny

Sportart:	Leichtathletik
Verein:	TV Wattenscheid
Größte Erfolge:	Paralympics Barcelona 1992: Gold- (5.000 m), Silber- (10.000 m) und Bronzemedaille (Marathon)
Erfolg in Atlanta:	Bronzemedaille über 10.000 m

Mit der Medienresonanz auf meine Leistungen während der Atlanta-Paralympics war ich zufrieden. Die Berichterstattung über meine Person begann nach den Paralympics in Barcelona. Ich war in der glücklichen Lage, Interviews in ARD und ZDF oder auch bei ABC in den USA zu geben. Über mich wurden Porträts von RTL und TM3 gedreht und Tages- und Sportzeitungen berichteten recht regelmäßig über mich. Dies ist jedoch meines Erachtens insbesondere darauf zurückzuführen, dass ich an Leichtathletik-Welt- und -Europameisterschaften, an Städte-Marathons und Leichtathletik-Meetings gemeinsam mit Nichtbehinderten teilnehmen konnte und die Medienvertreter so auf mich aufmerksam wurden. Auch glaube ich, dass die Partnerschaft mit meinem Sponsor Opel für Medieninteresse gesorgt hat. So sehe ich für mich persönlich ein sehr positives Medieninteresse.

Besonders positive oder negative Erfahrungen mit Medienvertretern habe ich in Atlanta nicht gemacht.

Ich glaube, dass die Berichterstattung über den Behindertensport die Persönlichkeiten dieses Sports, die es zweifellos gibt, zu wenig würdigt. Von Ausnahmen wie Marianne Buggenhagen oder Heinz Frei einmal abgesehen, wird meines Erachtens über die Sportler, die eine Sportart prägen, nicht ausreichend berichtet.

Man kann nicht im Fernsehen in einer Stunde sechs oder sieben Sportarten und eine noch viel größere Zahl an Wettkämpfen eines Paralympics-Tages zusammenfassen. Weniger wäre da mehr, wenn man dem Publikum einen tieferen Einblick und eine Identifikation mit den behinderten Sportlern ermöglichen will. Voraussetzung hierfür ist allerdings, dass Medienvertretern und Publikum der Zugang zum Behindertensport beispielsweise durch Zusammenlegung von Schadensklassen erleichtert wird.

3.3.2 Funktionäre

Theodor Zühlsdorf
Präsident des Deutschen Behinderten-Sportverbands (DBS) und Präsident des Behinderten-Sportverbandes Nordrhein-Westfalen (BSNW)

Die Paralympics in Atlanta haben eine bisher nicht dagewesene Medienresonanz gefunden. Sowohl in den Printmedien als auch in 15 Stunden TV-Übertragung und mehr als 35 Stunden Radioberichterstattung wurde überwiegend leistungsbezogen über die sportlichen Erfolge und Leistungen unserer Sportler berichtet. Von daher können wir mit der Medienberichterstattung über den Behindertensport in Bezug auf Atlanta sehr zufrieden sein. Hier zahlt sich aus, dass wir erstmalig mit einer professionellen Agentur zusammengearbeitet haben und sowohl die Redaktionen vor Ort in Atlanta als auch die Heimatredaktionen mit Informationen aus erster Hand versorgt haben.

Neben den Olympischen Spielen und der Fußball-Europameisterschaft waren die Paralympics im Jahr 1996 das wichtigste Sportereignis. Entsprechend umfangreich ist in den Medien hierüber berichtet worden. Natürlich flacht das Medieninteresse nach Abschluß der Veranstaltung deutlich ab. Dennoch ist eine qualitative und quantitative Steigerung der Berichterstattung über Behindertensport weiterhin festzustellen. Auch die Verhandlungen über den Sitz des IPC

(Internationales Paralympisches Komitee, Anm. d. Aut.) und die Entscheidung, diesen nach Bonn zu verlegen, haben großes Medieninteresse gefunden. Der DBS hat seit 1997 eigene Sendetermine im Sportsender DSF. Mit der Wahl von Cornelia Dietz neben Frank Busemann, Sabine Braun und dem Team Telekom zur NRW-Sportlerin des Jahres ist eine Gleichstellung der Leistungen behinderter und nichtbehinderter Sportler erreicht worden. Das stimmt positiv.

Die Erfahrungen, die wir in Atlanta mit Medienvertretern gemacht haben, waren durchweg positiv. Insbesondere die Teams von ARD und ZDF, die vor Ort viele der Veranstaltungen gefilmt haben, haben sehr eng mit uns zusammengearbeitet und unsere Arbeit und die Leistung der Athleten dokumentiert. Sehr positiv aufgenommen wurde auch die tägliche Pressekonferenz im „Deutschen Haus", auf der die Medaillengewinner des Vortages persönlich den Medien vorgestellt wurden. Negativ anzumerken ist allenfalls, dass durch die restriktiven Zugangsbestimmungen zum Paralympischen Dorf einige Dokumentationen über einzelne Sportler nicht zustande gekommen sind, da den Medienvertretern der Zugang zum Paralympischen Dorf verwehrt wurde.

Das Beziehungsfeld Behindertensport – Medien kann sich nur insoweit entwickeln, als es einen Spiegel im Interesse der Öffentlichkeit an Behindertensport wiederfindet. Wichtig in diesem Zusammenhang ist, dass Presse- und Öffentlichkeitsarbeit nicht nur auf der Ebene des Dachverbandes und der Landesverbände stattfinden, sondern dass auch die Lokalpresse von den Vereinen vor Ort mit Informationen zum Behindertenport und über die Aktivitäten der Vereine unterrichtet wird. Defizite gibt es besonders in bezug auf die Behinderung. Ihre Formen und die damit verbundenen Einschränkungen als Grundlage für die Schadensklasseneinteilung müssen bei den Sportjournalisten bekannter werden. Dies ist die Grundlage, um die Leistungen im Verhältnis zu Nichtbehinderten beurteilen zu können. Wünschenswert wäre, dass jede größere Zeitung oder jeder Fernsehsender ein oder zwei Journalisten im Redaktionsteam hat, die qualifiziert über Behindertensport berichten können. Aber hier sind wir auf dem richtigen Weg.

Paralympics 1996 in Atlanta und die Medien

Dr. Karl Quade
Chef de Mission in Atlanta, DBS-Vizepräsident, dreimal Paralympics-Teilnehmer als Sportler (1984 bis 1992), Goldmedaille in Seoul 1988

Wenn man vor Ort ist, fehlt einem die direkte Rückkopplung bezüglich des allgemeinen Medien-Interesses in Deutschland. Durch den gut organisierten Pressedienst bekamen wir in Atlanta wichtige Rückkoppelungen (Artikel), speziell der überregionalen Presse. Diese Artikel wurden im Deutschen Haus und in der Unterkunft der Mannschaft im Paralympischen Dorf ausgehängt und fanden großes Interesse. Die in diesem Umfang kaum für möglich gehaltene Presseresonanz wurde mir erst nach der Rückkehr bewusst. Hier hat sich die erstmals bei Veranstaltungen dieser Art initiierte und durchgeführte Pressearbeit des DBS voll bewährt. Besonders auch die Vertreter der elektronischen Medien haben sehr gute Arbeit geleistet und unsere Spitzensportler auch in der sogenannten „Prime-Time" präsentiert. Aus meiner Sicht ist ein sehr positives Fazit zu ziehen, der große Aufwand für diese Art und diesen Umfang der Berichterstattung hat sich für den Behindertensport gelohnt.

Während meiner Zeit als Athlet empfand ich die Berichterstattung über unseren Sport eher sporadisch, sportartspezifisch mehr auf die lokale Presse reduziert und nur was spezifische Probleme anging, überregional vertreten. Tägliche Berichterstattung in den öffentlich-rechtlichen Rundfunk- und Fernsehanstalten ist in Atlanta zum ersten Mal in Deutschland realisiert worden, hier ist auch ein Dank an die Politik zu richten, die sich sehr dafür eingesetzt hat. Weiterhin ist durch die Berichterstattung aus Atlanta auch ein Anschub für die lokale und regionale Presse entstanden. Das Konzept, die Heimatredaktionen der einzelnen Athleten exklusiv mit den Informationen zu beliefern, ist voll aufgegangen. Durch diesen Anschub konnten neue Verbindungen geknüpft werden, die Athleten wurden speziell in ihrer Region bekannt und dies hat sich in vielen Fällen zu einem Kontinuum entwickelt. Vielfach sind die Athleten so auch von der Seite „Vermischtes" oder „Soziales" auf die Sportseite gerutscht, ein oft ausgesprochener Wunsch.

In Atlanta war es manchmal etwas anstrengend, die Interviewwünsche aus Deutschland z.B. in den Mittagsmagazinen zu erfüllen. Dies geschah dann gegen fünf Uhr Ortszeit. Aber auch das gehört zu der Versorgung der Presse mit Informationen dazu. Eine negative Erfahrung mit der Presse habe ich persönlich nicht gemacht. Als Resümee kann ich von positiven Erfahrungen berichten.

Zum Beziehungsfeld Behindertensport – Medien: Es ist eine Aufgabe des DBS, mehr Pressevertreter mit unserem Sport vertraut zu machen. Ohne eine gewisse Spezifizierung kann der Behindertensport nicht auskommen. Die zum Teil spezielle Philosophie mit eigenständigen Zielen muss vermittelt werden. Mit dem ersten Presse-Seminar im November 1997 ist ein richtiger Schritt in diese Richtung gemacht worden. Weitere Veranstaltungen dieser Art müssen noch folgen. Bei Großveranstaltungen wie den Paralympics muss von Seiten des Verbandes die Voraussetzung geschaffen werden, um die Presse angemessen zu versorgen. Die Verantwortlichen der Medien sollten an den Behindertensport glauben und hier investieren. Sie werden bestimmt nicht enttäuscht.

Dieter Keuther
DBS-Geschäftsführer seit 1988

Insgesamt kann man mit der Medienresonanz während der Atlanta-Paralympics zufrieden sein, wenn auch meines Erachtens die Berichterstattung im Fernsehen noch intensiver werden müsste. Trotz der gegenüber Barcelona umfangreicheren Fernsehberichterstattung (Gesamtzeit) müssen hier weitere Anstrengungen erfolgen, um mehr Sendezeit in den Sportsendungen zu erreichen (Ziel: tägliche Zusammenfassung von 20 bis 30 Minuten); Sendeplatz z.B. im Vorabendprogramm. Für Atlanta war der DBS durch die Einschaltung einer Agentur in der Lage, eine bessere Pressebetreuung zu gewährleisten. Insgesamt haben sich die Investitionen in diesem Bereich „gelohnt", da die Presseberichterstattung umfangreicher war, der Grundstock für einen höheren Bekanntheitsgrad gelegt wurde, auf dieser Basis aufgebaut werden konnte und das PR/Marketing-Konzept darauf erstellt wur-

Paralympics 1996 in Atlanta und die Medien 119

de. Wurde es nach Seoul '88 und Barcelona '92 versäumt, auf die Resonanz in der Öffentlichkeit aufzubauen, so gelang es diesmal, den Schub für den Beginn einer Marketing/PR-Initiative auszunutzen. Resultat war u.a. auch der Aufbau des „Team Behindertensport".

Zur Frage, inwiefern sich die Berichterstattung der Medien über Behindertensport in den vergangenen Jahren verändert hat, das Beispiel einer Abmoderation von Jörg Wontorra nach einem guten Bericht zur WM in Schweden (1989): „Tolle Leistungen der Behinderten. Eigentlich hätte jeder eine Medaille verdient." Damit wurde der gute Bericht – Darstellung in „normaler" Sportberichterstattung, auch spannend aufgebaut – zunichte gemacht, da die Leistungen und Erfolge der Aktiven durch diese Abmoderation beim Zuschauer einen nicht von den Sportlern und vom DBS erwünschten Eindruck hinterließen. Bricht sonst beim Ausbleiben von Medaillen der „nationale Notstand" aus, so wurden die guten Leistungen und Erfolge hier herabgewürdigt. Insgesamt wird von den Journalisten dennoch in den letzten Jahren versucht, den Leistungssport der Behinderten positiv und ausführlich darzustellen. Insgesamt ist ein quantitativer Zuwachs festzustellen. Die Personifizierung des Phänomens „Behindertensport" anhand von Sportler-Porträts ist meines Erachtens ein guter Ansatz, oftmals bleiben die Berichte jedoch zu oberflächlich. Der Wert und die Bedeutung des Sports (dessen Wirkungen auf die Person, das soziale Umfeld u.a.m.) werden nicht genug hinterfragt. Über diese Porträts hinaus muss meines Erachtens eine Berichterstattung erreicht werden, die auch die Vielfalt des Sports darstellt (Reha-, Breiten- und Leistungssport) und insgesamt den Behindertensport noch mehr in das Bewusstsein der Öffentlichkeit hebt, um auch allgemeine Akzeptanz zu schaffen. Dazu gehören auch mehr „Ereignisdarstellungen" bei aller „Schadensklassenproblematik". Der DBS muß hier auch weiterhin versuchen, den Kenntnisstand von Journalisten z.B. durch Workshops zu verbessern.

Positive Erfahrungen mit Medienvertretern in Atlanta: Intensives Interesse auch an Hintergründen; sehr angenehme und freundliche Gespräche; gutes „Klima". Auch Verständnis bei Journalisten für Probleme der Sportler und der Mannschaftsleitung. Als negativ habe ich persönlich lediglich die wenig rücksichtsvollen Anrufe von Journalisten aus Deutschland empfunden, die nicht auf die Zeitverschiebung achteten. Nachdem ich vier Nächte hintereinander zwischen zwei und vier Uhr nachts mehrfach über Handy geweckt wurde, habe ich das Handy zwischen Mitternacht und sechs Uhr morgens ausgeschaltet. Schlimm waren dabei die nächtlichen Störungen, die aus trivialen Gründen erfolgten (Frage nach der Schreibweise von Namen).

Zum Beziehungsfeld Behindertensport – Medien:

- Der DBS muss seine Öffentlichkeitsarbeit weiterhin intensivieren: Workshops, allgemeine Informationen und Aufklärung.
- Hintergründe zum Behindertensport (Wirkungen, Nutzen, gesamtgesellschaftliche Bedeutung) müssen besser herausgestellt werden – vom DBS sowie durch intensivere Recherchen der Medien.
- Medien sollten offener werden: Aussagen wie „Behindertensport ist nicht telegen" oder „Behindertensport ist zu schwierig darzustellen" müssen der Vergangenheit angehören.
- Grenzen sind da, wo der Behindertensport als „Zirkus" dargestellt wird. Sensationsdarstellungen sind meines Erachtens weniger wünschenswert.
- Die Visualisierung des Themas ist nicht alles, auch der Hörfunk darf nicht vernachlässigt werden.
- *Fetz!* (Behindertensport-Sendung im Sender DSF, Anm. d. Aut.) als eigener DBS-Beitrag ist okay, muß aber einen besseren Sendeplatz erhalten. Gegebenenfalls aus DSF raus und zu ARD/ZDF!
- Die Medien sollten den Behindertensport (DBS) auch hinsichtlich der Sponsorenakquise unterstützen!

Heiner Rust
DBS-Vizepräsident und Präsident des Behindertensportverbands Niedersachsen

Von der Medienresonanz während der Atlanta-Paralympics bin ich angenehm überrascht worden.

Die Berichterstattung über die Paralympics hat sich quantitativ von Seoul über Barcelona bis Atlanta ganz erheblich verbessert. Qualitativ nähern sich die Berichte der Sportberichterstattung aus dem Sport der Nichtbehinderten an. Mir scheint, die Journalisten haben ein Problem mit der Vielzahl der Wettkampfklassen. Insofern haben wir als Behindertensport-Organisation noch einiges zu tun: entweder weitere Aufklärungsarbeit oder Verringerung (Aufhebung?) der Wettkampfklassen im Behinderten-Spitzensport. Die Berichterstattung über Behindertensport außerhalb der Paralympics ist nach wie vor beklagenswert. Sie findet recht ordentlich im lokalen Teil der Zeitungen statt, im Sportteil sucht man sie vergeblich.

Der DBS hat mit der Intensivierung und zugleich Professionalisierung seiner Öffentlichkeitsarbeit meines Erachtens den ersten richtigen Schritt getan. Hinzukommen müssen viele persönliche Begegnungen zwischen Behindertensportlern und Journalisten. Daraus könnte sich eine Entkrampfung des Verhältnisses der Journalisten zur Behinderung und zum Sport mit Behinderung entwickeln.

3.3.3 Journalisten

Nach den Paralympics von Atlanta sprachen wir mit drei Sportjournalistinnen und -journalisten (Tageszeitung, Nachrichtenagentur, freie Journalistin). Ihre wesentlichen Aussagen sind im Folgenden zusammengefasst:

Durchweg positiv äußerten sich die Medienvertreter über die Arbeitsbedingungen vor Ort. Die Journalistin einer großen deutschen Tageszeitung konstatierte einen höheren Stellenwert der Paralympics 1996 im Vergleich mit den Spielen in Barcelona vier Jahre zuvor. Das habe sich auch positiv auf die Arbeitsbedingungen ausgewirkt: „1992 wurde noch mehr improvisiert, da warst du mehr auf dich gestellt."

Auf die Bedürfnisse der Medien hatte der Deutsche Behinderten-Sportverband (DBS) diesmal entsprechend reagiert. In Atlanta wurde das „Deutsche Haus" der Olympioniken übernommen. Zudem war eine eigenständige Agentur mit der Presse- und Öffentlichkeitsarbeit betraut. Im Deutschen Haus stand den Medienvertretern ständig ein Pressebeauftragter zur Verfügung, um Informationen oder Interviewpartner zu beschaffen. Die tägliche Pressekonferenz im Deutschen Haus stieß natürlich ebenfalls auf positive Resonanz. Jeden Mittag wurden hier Medaillengewinner vom Vorabend präsentiert. Man wußte als Journalist, dass man spätestens dort den „Top-Act" zu fassen bekäme. Positiv bewertet wurde auch die erstmalige Informationsveranstaltung für Journalisten in Frankfurt am Main einige Monate vor den Spielen.

Der Mitarbeiter einer Nachrichtenagentur, der zum ersten Mal bei Paralympics war, teilte danach mit: „Für mich persönlich ist es kein Problem, über Behindertensport zu berichten. Sport ist Sport und Berichterstattung ist Berichterstattung." Natürlich müsse man sich erst an bestimmte Sachen gewöhnen. Zum Beispiel, wie man einem Armamputierten die Hand schüttelt oder dass man sich am besten hinkniet, wenn man Rollstuhlsportler interviewt. Dennoch seien die Sportler der Paralympics viel natürlicher als bekannte Nichtbehindertensportler, da Staralüren praktisch nicht vorhanden seien. Auch die vielen Schadensklassen stellten für ihn kein größeres Problem dar, in seinen Berichten sei er nicht explizit auf die Klassen eingegangen. „Hochinteressant" fand der Agenturjournalist die Paralympics insgesamt und bilanzierte: „Ich glaube, dass der Behindertensport hierdurch eine größere Öffentlichkeit gefunden hat. Der DBS arbeitet jetzt viel professioneller." Er ging sogar soweit, von einer „großartigen" Pressebetreuung zu sprechen. Nicht zuletzt die Ausstattung der Funktionäre mit Handys habe dazu beigetragen.

Paralympics 1996 in Atlanta und die Medien 123

Während die Arbeitsbedingungen bei den Atlanta-Paralympics von den befragten Journalistinnen und Journalisten also durchweg positiv eingestuft wurden, gab es analog zu den Olympischen Spielen am gleichen Ort kritische Anmerkungen zur Ausrichtung der Veranstaltung. Die Tageszeitungsjournalistin bemängelte den doch schwächeren Zuschauerzuspruch gegenüber Barcelona und machte dafür zu hohe Eintrittspreise verantwortlich. „Ich hatte das Gefühl, dass die Organisatoren die Paralympics nicht mehr allzu ernst nahmen", sagt sie, „einige Olympia-Anlagen waren bereits abgebaut, ebenso der Vergnügungspark, und nur noch ein Teil des Olympischen Dorfs – und dann noch an einem Hang gelegen, was für die Rollstuhlfahrer bekanntlich ungünstig ist – stand den Paralympicsteilnehmern zur Verfügung."

Die Freie Journalistin, die aus Atlanta für mehrere Tageszeitungen berichtete, merkte generell an, dass es „enorm vom Engagement der einzelnen Journalisten" abhänge, ob über Behindertensport berichtet wird. „Dass sich die Redaktionen von sich aus um Beiträge bemühen, ist nach meiner Erfahrung nicht der Fall." Insbesondere kritisiert sie, daß in der Zeit zwischen den Paralympics kaum Interesse bestehe, Beiträge über Behindertensport zu veröffentlichen. Ein Problem, das ihrer Ansicht nach auch auf die lange Zeit defizitäre Öffentlichkeitsarbeit des Behindertensportverbands zurückzuführen ist.

Die Tageszeitungsjournalistin legte dar, dass gerade den Paralympics 1996 innerhalb ihrer Redaktion ein hoher Stellenwert beigemessen wurde. Im Nachhinein sei man froh gewesen, eine eigene Mitarbeiterin vor Ort gehabt zu haben, auch wenn sie die Kosten zum Teil selbst trug. „Bis auf Agenturen und Fernsehsender hatten die Redaktionen in ihrem Budget kaum berücksichtigt, die Paralympics mit eigenen Mitarbeitern zu besetzen", teilte sie mit.

3.4 Bewertung

Wer während der Atlanta-Paralympics in die Zeitungen blickte oder zur richtigen Zeit vor dem Fernseher saß, dem wird kaum entgangen sein, dass der Behindertensport kein Schattendasein mehr in den Sozial- und Medizinressorts der Medien fristet. Atlanta markiert den endgültigen Einzug gehandicapter Athleten in die Sportredaktionen, nachdem Barcelona 1992 bereits als Durchbruch gewertet wurde. Auch wenn es den Amerikanern weder gelungen ist, organisatorisch mit den Spaniern mitzuhalten, noch die Atmosphäre der katalanischen Spiele in den Südstaaten der USA aufleben zu lassen, so sorgten doch eine professionellere Pressearbeit des deutschen Verbandes, politischer Einfluß und die erneut herausragenden Leistungen der Athleten dafür, dass die Paralympics in Deutschland mehr Aufmerksamkeit erregten denn je. Hörfunk und Fernsehen berichteten täglich über die Paralympischen Spiele, wenngleich auch meist nur in kurzen Zusammenfassungen. Den Medienvertretern wurde erstmals von deutscher Seite ein Standard geboten, der für eine umfassende Berichterstattung heutzutage einfach notwendig ist. Und so konnte DBS-Präsident Theodor Zühlsdorf anschließend auch feststellen: „Ich denke, unsere täglichen Pressekonferenzen, zu denen wir aktuelle Medaillengewinner eingeladen hatten, kamen in Atlanta bei den Medienvertreten sehr positiv an. Das war eine gute Möglichkeit für die Journalisten auf einfachem Wege mit den jeweiligen Sportlern und Trainern zu kommunizieren."

Eingeleitet wurde die Berichterstattung bei der offiziellen Verabschiedung der paralympischen Mannschaft am 12. August 1996 auf dem Frankfurter Flughafen. Fünf Kamerateams und zahlreiche Journalisten hatten sich um 10 Uhr morgens eingefunden, um drei Tage vor der pompösen Eröffnungsfeier die offizielle Verabschiedung zu dokumentieren. Die Verabschiedung war Thema in den TV-Nachrichten des Abends, und am nächsten Tag zählte der DBS 381 Veröffentlichungen in Tageszeitungen zum Abflug der deutschen Mannschaft.

Paralympics 1996 in Atlanta und die Medien 125

Wenngleich die Zahl an Veröffentlichungen anlässlich der Paralympics wieder stieg und 1996 ein erfreuliches Ausmaß angenommen hat und wenngleich der Wandel von einer eher schicksalsorientierten Betrachtung zu einer sehr an der sportlichen Leistung aufgehängten Berichterstattung klar erkennbar ist, sollte dieser Höhenflug die magere Zeit zwischen den Paralympics nicht übertünchen. „Keinen Grund zur Zufriedenheit", sah denn auch Bundeskanzler Helmut Kohl im Interview in einer Paralympics-Broschüre des DBS, insbesondere wenn man die Paralympics-Berichterstattung im Vergleich zum Nichtbehindertensport sehe. „Mein Appell richtet sich daher erneut an die Medien, den Behindertensport in ihrem Verantwortungsbereich noch stärker zu unterstützen", sagte Kohl.

Denn über andere nationale und internationale Veranstaltungen im Behindertensport wird nach wie vor überregional höchst selten berichtet. Dabei würde das – allein schon wenn die Medaillengewinner in den umfassenden Ergebnislisten der Sportteile auftauchen würden – viel mehr dem Stellenwert und der Bedeutung des Behindertensports gerecht werden, als die gefällige Beachtung der Paralympics alle vier Jahre. Es reicht bei weitem nicht aus, wenn der Behindertensport nur dann im Rampenlicht der Öffentlichkeit erscheint, Kontinuität ist gefragt. Oft wird der Behindertensport mit Randsportarten verglichen, die das gleiche Problem haben. So wie deren Sieger alle vier Jahre eine Zeit lang ihren kurzen, aber titelseitenwürdigen Auftritt haben, während sich den Rest der Zeit kaum jemand für den Judoka Udo Quellmalz, die Kanutin Birgit Fischer oder den Turmspringer Jan Hempel interessiert. In der *Frankfurter Rundschau* war vor den Atlanta-Paralympics zu lesen: „Auch wenn es für die Behindertensportler inzwischen den einen oder anderen Geldgeber gibt, und wenn die Berichterstattung durch ARD und ZDF auf sechs Stunden erhöht wurde – eine Vorabendserie wird wegen den Paralympics wohl niemals ausfallen."

Zusammenfassung:

Noch nie zuvor ist über Behindertensport so viel berichtet worden, wie anläßlich der Paralympics 1996 in Atlanta. Dementsprechend positiv fallen die Stellungnahmen der Funktionäre aus. Die Aktiven sehen die Lage etwas differenzierter. Durchweg positiv äußerten sich die Medienvertreter über die Arbeitsbedingungen und die Betreuung durch den DBS.

Atlanta markiert den endgültigen Einzug gehandikapter Athleten in die Sportredaktionen, nachdem Barcelona 1992 bereits als Durchbruch gewertet wurde. Wenngleich die Zahl an Veröffentlichungen anläßlich der Paralympics wieder stieg und wenn auch der Wandel von einer eher schicksalsorientierten Betrachtung zu einer an der sportlichen Leistung aufgehängten Berichterstattung klar erkennbar ist: zwischen den Paralympics spielt Behindertensport auf der Tagesordnung der Medien kaum eine Rolle.

4 Leitfaden: Öffentlichkeitsarbeit für Behindertensportvereine

> **Im vierten Kapitel:**
>
> Gezielte Presse- und Öffentlichkeitsarbeit wird für Vereine immer wichtiger. Ein sich an der Praxis orientierender Leitfaden beantwortet u.a. die grundlegenden Fragen: Wie plane ich Pressearbeit, wie arbeiten Medien, wie schreibt man eine Pressemitteilung? Schließlich geht es vor diesem Hintergrund noch einmal um das Verhältnis von Behindertensport und Medien.

4.1 Öffentlichkeitsarbeit als zentrale Aufgabe des Vereinsmanagements

Sozial engagierte Organisationen wie Behindertensportvereine und Versehrten-Sportgemeinschaften übernehmen zwar viele gesellschaftlich notwendige Aufgaben, aber sie kommunizieren bisweilen nicht ausreichend mit der Gesellschaft über ihre Arbeit. Oft wird über die Presse- und Öffentlichkeitsarbeit erst nachgedacht, wenn die „eigentliche" Arbeit getan ist. Und so gelangen große Teile der Arbeit – sicher entgegen der eigentlichen Absicht – nicht an das Licht der Öffentlichkeit, sondern vollziehen sich als „Caritas im Stillen." Die Vereine sollten sich bewußt machen: auch „Klappern" ist ein wesentlicher Bestandteil erfolgreicher Vereinsarbeit.

Vielerorts wird Öffentlichkeitsarbeit eher unsystematisch und zufällig, von wechselnden Personen, ohne klare Verantwortlichkeiten und „nebenbei" erledigt. Leider zeigt sich diese Geringschätzung auch in den Ergebnissen. Wichtige Vorteile der Öffentlichkeitsarbeit werden oft völlig unterschätzt. Wobei gerade in Zeiten leerer öffentlicher Kassen und zurückgehender staatlicher Unterstützung der Ruf nach neuen Einnahmemöglichkeiten und Sponsoren allgegenwärtig ist. Neue Quellen können indes überwiegend nur erschlossen werden, wenn einer breiten Öffentlichkeit die Leistungen und Vorzüge eines Vereins oder Verbands deutlich gemacht werden. So sind Organisationen zunehmend auch aus wirtschaftlichen Gründen auf eine funktionierende Presse- und Öffentlichkeitsarbeit angewiesen.

Öffentlichkeitsarbeit wird von vielen Vereinsvertretern immer noch als notwendiges Übel angesehen. Nur wenige erkennen hierin die Chance, ihren Klub publikumswirksam zu präsentieren, bekannter zu machen und schließlich davon zu profitieren. Über eine gezielte Öffentlichkeitsarbeit schafft man sich neue Freunde, wird von anderen geschätzt. Letztlich arbeitet man öffentlich und in aller Regel positiv an der eigenen Darstellung, am eigenen Image.

Die Pressearbeit als Teil der Öffentlichkeitsarbeit bemüht sich systematisch um das Vertrauen der Menschen und der Medien durch regelmäßige Information. Ziel einer jeden Pressearbeit ist es, zu den Journalisten in den betreffenden Redaktionen ein Vertrauensverhältnis aufzubauen, so dass man als kompetenter und offener Gesprächspartner angesehen wird. Nicht zuletzt werden es auch die eigenen Klubmitglieder gerne sehen, wenn ihr Verein „Schlagzeilen" macht. Pressearbeit hat also auch eine interne Zielgruppe im Visier.

Gleichwohl geistert in vielen Vereinen immer noch die Angst vor der Presse umher: Journalisten, die Sensationsreporter, die nur Krisen und Skandale aufreißen und dann überkritisch kommentieren. Zum einen ist die tägliche Redaktionsarbeit viel trockener, zum anderen gibt es den altbekannten Satz: Schlechte Nachrichten sind besser als gar keine. In den Redaktionen, zumal in den Lokalredaktionen wird beileibe nicht nur über Skandale berichtet – und die stehen meist in Zusammenhang mit Finanzproblemen und Trainerwechseln bei Fußballklubs. Schlagzeilen machen hier vor allem handfeste Informationen von allgemeinem Interesse. Was nicht im Papierkorb landet, erfüllt meist folgende Kriterien: aktuell, sachlich, präzise, nachprüfbar und originell.

Vorteilhaft bei der Zusammenarbeit mit der Lokalredaktion ist für kleinere Vereine und Organisationen, dass man die Zeitung und den verantwortlichen Redakteur kennt. Dabei stellt der Pressesprecher die Schnittstelle zwischen Verein und Medium dar, vorausgesetzt, er/sie kann kompetent und gehaltvoll informieren. Oft füllen auch der Trainer, ein Mannschaftsmitglied oder jemand aus dem Vorstand die Aufgabe des Pressesprechers mit aus. Das muss nicht unprofessionell sein, oftmals können Leute, die „näher dran" sind, den Redakteuren die besseren Informationen liefern. Wichtig ist lediglich, dass der jeweilige Kontaktpartner kontinuierlich die Verbindungen zu allen für den Verein in Frage kommenden Medien pflegt, gut erreichbar ist und für Fragen jeder Art zur Verfügung steht. Am Ende ist er es, der die Öffentlichkeit informiert, indem er sich eines Vermittlers bedient, beispielsweise der lokalen Tageszeitung. Journalistinnen und Journalisten, die regelmäßig über einen Verein berichten, wollen einen festen Ansprechpartner und nicht heute eine Pressemitteilung vom Vorsitzenden, morgen einen Veranstaltungshinweis vom Jugendwart, am Tag darauf einen Ergebnisbericht vom Trainer. Je besser der Presseverantwortliche den Umgang mit dem Partner Presse beherrscht, desto leichter wird er es bei seiner Arbeit haben. Er weiß über den Redaktionsalltag Bescheid (wann ist Redaktionsschluss?, wann rufe ich am besten an? etc.), kennt die Probleme der Journalisten und droht bei einer kritischen Berichterstattung nicht gleich mit einer Beschwerde beim Chefredakteur.

Die Pressearbeit stellt aber nur einen Teil der Öffentlichkeitsarbeit dar. Öffentlichkeitsarbeit ist die gesamte Pflege öffentlicher Beziehungen (**Public Relations**) und damit Alltagsarbeit. Sie sollte nicht als notwendiges Übel, sondern als ein zentraler Bestandteil jeder Vereinsarbeit angesehen werden. Es geht also nicht nur um die durchgeführte Themenkampagne oder das besonders medienwirksame Ereignis, über das entsprechend berichtet wird. Jedes Telefonat, jeder Brief, jede Begrüßung eines Partners oder Besuchers sind bereits öffentlichkeitswirksam und damit Öffentlichkeitsarbeit. Sinnvolles Engagement von Vereinen hat es verdient, daß viele etwas darüber erfahren. Und doch liegen diese Einsicht und ihre Umsetzung oft weit auseinander. Handbücher über die richtige Öffentlichkeitsarbeit gibt es zwar zur Genüge, sind allerdings für den kleinen Verein oftmals wenig geeignet, weil sich die für größere Dimensionen ausgelegten PR-Konzepte (oft aus dem Wirtschaftsbereich) nicht einfach so auf die bescheidenere, nonprofitable Arbeit im Sportsektor übertragen lassen. Da kann vor lauter Konzepten die eigentliche (Öffentlichkeits-) Arbeit schon mal in Vergessenheit geraten. Was keineswegs heissen soll, dass man am besten unvorbereitet an die Sache herangeht. Als engagierter Pressesprecher kommt man ohne einen Wegweiser nicht aus. Den soll dieses Kapitel liefern.

Im Folgenden werden zunächst die grundlegenden Planungsstufen einer praxisnahen Öffentlichkeitsarbeit erörtert, die für kleine bis mittelgroße Vereine, Abteilungen und Organisationen sinnvoll und umsetzbar sind. Anschließend geht es um die praktische Umsetzung: Wie hat eine Pressemitteilung auszusehen, wie schreibe ich sie, was muß drin stehen, wie läuft eine Pressekonferenz ab, und wie gehe ich überhaupt mit Journalisten um?

„Wenn eine Frau einen Mann kennenlernt und ihm erzählt, wie großartig sie ist, dann ist das Reklame. Wenn sie ihm sagt, wie gut er aussieht, dann ist das Werbung. Wenn er sich für sie entscheidet, weil er von anderen gehört hat, sie sei eine tolle Frau, dann ist das Public Relations" (FRANCK 1996, 32).

4.2 Öffentlichkeitsarbeit planen

Öffentlichkeitsarbeit kann nicht von A bis Z nach einem genau definierten Plan durchgeführt werden. Unvorhergesehenes oder dringende Terminzwänge lassen alle noch so durchdachten Planungsschritte rasch Makulatur werden. In einigen Handbüchern sind die Planungsanweisungen auch so umfangreich und komplex dargestellt, daß viele zurückschrecken und lieber konzeptionslos vor sich hinarbeiten. Insofern werden in der folgenden Übersicht lediglich **fünf grundlegende Planungsschritte** einer strategischen Öffentlichkeitsarbeit erläutert, die auf die Bedürfnisse und Möglichkeiten kleinerer Sportvereine zugeschnitten sind.

4.2.1 Die Zielgruppe definieren

Wer sind die Adressaten unserer Öffentlichkeitsarbeit?

Die Öffentlichkeit ist keine handfeste Sache, die einfach so existiert. Sie wird erst erzeugt. Wer sie erreichen will, muß Öffentlichkeitsarbeit betreiben. Zu ihr gehört der „Mann auf der Straße" ebenso wie der Bundeskanzler, eine Abgeordnete ebenso wie eine Journalistin, die Frau in Flensburg ebenso wie der Mann in Oberammergau. Jeder Mensch ist ein Teil der allgemeinen Öffentlichkeit.

Nicht alle Menschen sind für die Arbeit eines Vereins wichtig, nicht alle interessieren sich dafür. Und nicht alle sind auf dem gleichen Weg zu erreichen. Deshalb ist es nützlich, zu unterscheiden. Jeder Verein hat seine Teilöffentlichkeiten, die für ihn von besonderer Bedeutung sind. Bevor mit der zielgerichteten Öffentlichkeitsarbeit begonnen wird, muss festgelegt werden, welche Teilöffentlichkeiten wichtig sind und zu Zielgruppen/Adressaten erhoben werden. Da unterschiedliche Zielgruppen unterschiedliche Erwartungen haben, bedarf es einer adressatengerechten Ansprache (siehe Tabelle 14).

Es ist in Sportvereinen üblich geworden, zu beklagen: Immer weniger Mitglieder nehmen aktiv am Vereinsleben teil, immer mehr zahlen zwar pflichtbewusst ihren Beitrag, lassen sich aber höchst selten blicken. Nützlicher als das – in gewissem Maß berechtigte – Wehklagen wäre hingegen, mit besserer **interner Öffentlichkeitsarbeit** zu reagieren. Dabei fruchten allein gut gemeinte Appelle nur selten. Vereinsmitglieder sind zu nichts mehr verpflichtet, als ihren Beitrag zu entrichten. Weswegen man die interne Kommunikation nicht als lästige Pflicht, sondern als Herausforderung sehen sollte. Der Verein hat gegenüber seinen Mitgliedern eine Bringschuld, er muss – am besten interessant – über seine Ziele und Arbeit informieren. Steife Protokolle, formale Einladungen und selbstdarstellerische Rundbriefe sind der internen Öffentlichkeitsarbeit nur wenig dienlich. Vor allem mehr Transparenz ist gefragt. Stets sollten den Mitgliedern überschaubare Möglichkeiten geboten werden, sich an der Vereinsarbeit und am Vereinsleben zu beteiligen.

Dazu gehört auch, daß sie über den eigenen Klub bestens informiert sind. Nur so können sie an den Verein gebunden und zu aktiver Mitarbeit motiviert werden.

Teilöffentlichkeit	Angehörige	Mittel und Medien
Interne Öffentlichkeit	Vereinsmitglieder, Vorstand, Honorarkräfte, regelmäßige Spender	Einladungen, Protokolle, Mitgliederzeitung, Rundbriefe, Jahresberichte, Mitgliederversammlung, Arbeitssitzungen
Fachöffentlichkeit	Sportverbände, Sportwissenschaft	Veranstaltungen, Fachbeiträge, Stellungnahmen, Berichte, Anträge, Briefe, informelle Gespräche
Kernöffentlichkeit	Angehörige, Initiativen und Vereine mit ähnlichem Aufgabengebiet, Engagierte und Interessierte, Sympathisanten	Veranstaltungen, Faltblätter, Plakate, Informationsstände, Rundbriefe, Aktionen, telefonischer Anrufbeantworter, persönliche Ansprache
Medienöffentlichkeit	Journalisten, Leser, Hörer, Zuschauer („allgemeine Öffentlichkeit")	Pressemitteilungen, Pressekonferenzen, Artikel, Leserbriefe, Veranstaltungen, Aktionen

Tab. 14: Zielgruppen und Möglichkeiten ihrer Ansprache im Rahmen der Öffentlichkeitsarbeit (modifiziert nach: FRANCK 1996)

Für Behindertensportvereine gibt es zwei grundsätzliche **Fachöffentlichkeiten**: der Sport und die Behinderten. Nimmt sich ein Behindertensportverein vor, gezielt Experten und Multiplikatoren in seiner Öffentlichkeitsarbeit zu berücksichtigen, muss er diesen Zielgruppen etwas bieten. Das können beispielsweise Beiträge in Fachzeitschriften sein, ein interessantes Konzept oder eine praktische Einführung in die Arbeit.

Gerade Politikerinnen und Politiker sind an Öffentlichkeit interessiert. Wenn sie für die Vereinsarbeit begeistert werden können, indem sie beispielsweise ein

Statement zur Bedeutung des Behindertensports abgeben, dass die Öffentlichkeitsarbeit des Vereins dann in die Medien transportiert, läßt sich ein doppelter Effekt erreichen: Öffentlichkeit für den Verein und zufriedene Politikerinnen und Politiker.

Zur **Kernöffentlichkeit** gehören all jene, die als mögliche Interessenten der Vereinsarbeit gesehen werden, aber (noch) nicht dazugehören, also potentielle neue Mitglieder oder Förderer des Vereins. Sie sollten sehr gezielt, möglicherweise persönlich angesprochen werden. In manchen Fällen ist stille Lobby-Arbeit nämlich ertragreicher als umfangreiche Maßnahmen wie etwa Serienbriefe.

Die gezielte Ansprache von Teilöffentlichkeiten ist unentbehrlich, führt aber nicht notwendigerweise zu einer großen öffentlichen Anteilnahme. Obgleich ein großer Bereich der gesamten Öffentlichkeit für die Arbeit eines Vereins unbedeutend ist, liegt jedem Vereinsvorstand daran, im Licht der Medienöffentlichkeit zu erscheinen. Deswegen gilt die Pressearbeit häufig als entscheidender Bereich der Öffentlichkeitsarbeit. Berichte in der Lokalzeitung, gar im Rundfunk oder Fernsehen pressen dem Klub das Siegel „von öffentlicher Bedeutung" auf. Pressearbeit zielt demnach auf die **Medienöffentlichkeit** oder, anders gesagt, auf die öffentliche Wahrnehmung ab, die von den Medien produziert wird. Zielgruppe der Pressearbeit sind Journalistinnen und Journalisten. Zu beachten ist in diesem Zusammenhang: Wer öffentlich wahrgenommen wird, hat es leichter bei der Ansprache bestimmter Teilöffentlichkeiten. Zudem bestätigen Medienberichte das Interesse und Engagement von Teilöffentlichkeiten für einen Verein. Beispiel: Wer Mitglied in einem Behinderten-Sportverein werden will, liest die Selbstdarstellung des BSV XY aufmerksamer, wenn er bereits früher etwas über diesen Klub gelesen hat. Auch ein Stadtverordneter wird den Antrag eines Vereins eher beachten, wenn er ihn aus der Presse kennt.

4.2.2 Das Image analysieren

Was denken die wichtigen Zielgruppen unserer Öffentlichkeitsarbeit über uns? Wie schätzen sie ihre Beziehung zu uns ein, welche Erwartungen haben sie? Und: Was denken die Medien über uns?

Für gewöhnlich werden Einstellungen mit Methoden der Meinungsforschung (Befragung) ermittelt. Natürlich ist es für einen kleineren Sportverein unverhältnismäßig und letztlich nicht rentabel, eine wissenschaftliche Studie durchführen zu lassen. Unterdessen lassen gezielte Gespräche mit Außenstehenden, Vereinsmitgliedern und Medienvertretern bereits erkennen, wie es um das Ansehen des Vereins bestellt ist. Daraus kann ein Bild des Vereinsimages konstruiert werden. Ebenso ist es durchaus sinnvoll, sich einmal fünf Minuten Zeit zu nehmen und sich mittels einer einfachen Image-Abfrage, wie sie Abbildung 14 zeigt, selbst zu überprüfen.

4.2.3 Die bisherige Kommunikation analysieren

Wie werden unser Verhalten und die bisherigen Kommunikationsaktivitäten von den wichtigen Zielgruppen eingeschätzt und bewertet? Wie ist unser Ruf, unser Image entstanden? Haben wir ausreichend und regelmäßig Kontakt zu den Medien? Sind die Redakteure der lokalen Tageszeitungen zu wenig, ausreichend oder sehr gut über unsere Arbeit und Erfolge informiert? Wie ist der Informationsfluss innerhalb unseres Vereins? Wer ist für die Presse- und Öffentlichkeitsarbeit, wer ist für Informationen aus den einzelnen Abteilungen verantwortlich?
Pressearbeit bestimmt stark mit, wie ein Verein oder eine Organisation öffentlich wahrgenommen wird. Doch gerade in einer Zeit, in der das Ehrenamt nicht heiß umworben ist, werden Pressewartinnen und Pressewarte leider oft nach dem Motto ausgewählt: Wer lesen und schreiben kann, ist für die Pressearbeit genau richtig. Einige Naturtalente werden dann tatsächlich ihrer Aufgabe gerecht. Viele scheitern hingegen auch an ihren unzureichenden Fachkenntnissen, denn eine gute Presseinformation läßt sich keineswegs nebenbei und „mit links" erledigen.

Leitfaden: Öffentlichkeitsarbeit für Behindertensportvereine 135

Unser Verein ist:							
	3	2	1	0	1	2	3	
zuverlässig								unzuverlässig
kompetent								inkompetent
freundlich								unfreundlich
gut informiert								uninformiert
aufmerksam								unaufmerksam
systematisch								zufällig
unbürokratisch								bürokratisch
schnell								langsam
selbstkritisch								arrogant
motiviert								unmotiviert
unabhängig								abhängig
innovativ								konservativ

Abb. 14: Beispiel für eine einfache Image-Abfrage zur Selbstüberprüfung (nach: LUTHE 1994)

Mit hinein in diese Problematik spielt, dass sich Verbände und Vereine oftmals gewaltig unterschätzen, ihren Alltag für langweilig halten und daher meinen, für Medien bedeutungslos zu sein. Sie glauben, es sei uninteressant, sich mit dem zu beschäftigen, was für sie selbstverständlich ist. Auf diese Weise wird die Kommunikation bereits in ihren Anfängen blockiert. Für andere ist es bisweilen gar nicht so selbstverständlich, was der Verein tut und leistet.

4.2.4 Problemfelder und Ziele der Öffentlichkeitsarbeit definieren

Was sind aus unserer Sicht die vorrangigen Probleme in der Kommunikation mit der Öffentlichkeit? Ist nicht unser allgemeiner Bekanntheitsgrad viel zu niedrig?

Kommt das, was wir tun, „draußen" auch entsprechend rüber? Haben wir uns ausreichend profiliert? Und: Was wollen wir erreichen?

Nachdem ein Verein seine bisherige Öffentlichkeitsarbeit anhand kritischer Fragen selbst analysiert hat, sind Schwächen und Versäumnisse offenzulegen, zu erörtern und mit den Erwartungen zu vergleichen. Davon ausgehend können Ziele der Presse- und Öffentlichkeitsarbeit formuliert werden. Wobei es gilt, Vorhaben anzupeilen, die unter den gegebenen Bedingungen (finanzielle Mittel, personelle Ressourcen etc.) auch potenziell erreichbar sind.

4.2.5 Maßnahmen bestimmen

Welchen wirksamen Aufhänger kann ich finden? Wie rolle ich ein Thema auf, um es für möglichst viele (auch die Medien) interessant zu machen? Welche Mittel der Öffentlichkeitsarbeit können geeignet sein, um die gesteckten Ziele zu erreichen?

Nun sind Ideen für konkrete PR-Aktionen gefragt, denn die Öffentlichkeitsarbeit bemüht sich um ein knappes Gut: Aufmerksamkeit. Wer ein Anliegen auf die öffentliche Tagesordnung setzen möchte, muss sich darum kümmern, dass relevante Teilöffentlichkeiten diesem Aufmerksamkeit schenken. Nicht umsonst heißt es auch in der PR-Arbeit: Von alleine passiert nichts. Gleichwohl hängt die öffentliche Aufmerksamkeit von vielen beeinflussbaren und auch (zunächst) nicht beeinflussbaren Faktoren ab:
- der Prominenz einer Person oder Organisation
- der Bedeutung eines Themas
- der Originalität, Neuigkeit oder dem Unterhaltungswert eines Ereignisses oder Vorschlags
- den Werten, die mit dem Thema verknüpft sind
- und nicht zuletzt von der Öffentlichkeitsarbeit

Öffentlichkeitsarbeit ist reine Kommunikation. Sie entsteht nicht von alleine, sondern muss ermöglicht werden, indem beispielsweise

- **Anlässe/Themen entdeckt werden**
Ein langweiliges Thema, das nicht prominent besetzt ist und auch keine spannende Kontroversen erwarten lässt, wird auch mit der besten Öffentlichkeitsarbeit nicht zu einem Renner.

- **Anlässe/Themen genutzt werden**
Themen, die bereits öffentlich diskutiert werden, sind aufzugreifen und auf die eigene Vereinsarbeit zu beziehen. Ist beispielsweise der Informationsbedarf über ein Thema groß, kommen Angebote gut an, die diesen befriedigen, zum Beispiel Experten-Statements, an die Presse weitergeleitete Service-Angebote, Leserbriefe etc.

- **Anlässe/Themen geschaffen werden**
Was neu ist, macht aufmerksam. Interessante und außergewöhnliche Themen müssen angeboten werden, um ins Gespräch zu kommen und im Gespräch zu bleiben. Mehr denn je gilt: Gebrauche gewöhnliche Worte und sage ungewöhnliche Dinge!

Wichtiger als ein übereifriger Aktionismus ist bei der Pressearbeit das Abwägen: Was ist wichtig, was könnte die Medien und die Leserschaft interessieren? Ein erster wichtiger Schritt in die richtige Richtung ist getan, wenn in den Vereinspapierkorb wandert, was keinen Nachrichtenwert besitzt. Journalistinnen und Journalisten sind dankbar, wenn der bzw. die für die Pressearbeit Zuständige in der Lage ist, ihre Perspektive einzunehmen. Wird die Presse nur mit Nichtinformationen beliefert, erhält der Verein und auch der Pressevertreter bald den Ruf, ein Langweiler und lästiger Querulant zu sein anstatt ein zuverlässiger Nachrichtenlieferant. Selbstverständlich ist der Pressevertreter eines Vereins dafür verantwortlich, dass die Medien Anteil am Geschehen innerhalb des Vereins nehmen. Das gelingt nur mit einem gewissen Maß an Distanz zur Vereinsarbeit. Wer nur

Vereinsbeschlüsse und Vorstandswahrheiten verkündet, ist für Journalisten kein ernsthafter Ansprechpartner. Gefragt sind Kommunikationspartner, die Informationen aufbereiten, Zusammenhänge aufklären und Hintergründe erläutern. Nicht die Masse macht's. Weniger, aber dafür informatives Material an die Presse weitergeben – die wird's danken.

4.3 Standards der Pressearbeit

4.3.1 Wen wie erreichen?

Für wen ist der „Pressemensch" eines Vereins überhaupt da? Für den Verein natürlich. Richtig. Für die Presse, die Leute auf der anderen Seite des Schreibtischs. Auch richtig. Aber nicht ganz. Die Zielgruppen der Pressearbeit stellen sich vielschichtiger dar. Die Medien fungieren nur als Katalysator der Botschaften an die Öffentlichkeit. Sie sind die Vermittler, Übersetzer, kritische Beobachter und Begleiter. Aber nicht die Adressatinnen und Adressaten der Pressearbeit. Dies sind die Medienrezipienten (Leser, Hörer, Zuschauer). An sie soll sich die Pressearbeit wenden.

Wie und was kommuniziert wird, das muss jeder Verein entsprechend seinem Selbstverständnis und seinen Zielen selbst entscheiden. Eines sollte aber in allen Pressemitteilungen berücksichtigt werden: Glaubwürdigkeit ist der wichtigste Grundsatz jeder Kommunikation. Unverständliche Fachsprache, Jubelberichte oder übertriebener Pessimismus schaffen kein Vertrauen. Die Realität soll weder schwarz gemalt noch schöngefärbt, sondern die Arbeit des Vereins ins rechte Licht gerückt werden, um Profil, Reputation und Vertrauen zu gewinnen.

Zu berücksichtigen gilt ebenso, dass man sich auf den jeweiligen Kommunikationspartner einstellt. Jede Teilöffentlichkeit hat ihre unterschiedlichen Erwartungen. In einer Vereinszeitung ist es durchaus angebracht, ein Wir-Gefühl zu erzeugen, um die Bindung zur Leserschaft zu stärken. In einer an Fachleute und Interessierte gerichteten Pressemitteilung wären entsprechende Stilmittel hingegen fehl am Platz. Hier ist Kompetenz gefragt, um Interesse zu wecken.

Papier ist geduldig. Eine neuorientierte Pressearbeit, ein peppiges Design des Vereinslogos auf dem neuen Briefbogen sind vergebliche Mühe, wenn sich der Vereinsalltag nicht mitwandelt. Sind die Angebote weiterhin antiquiert und die Vereinsarbeit ansonsten dilettantisch, ist die beste Pressearbeit zum Scheitern verdammt. Vereine sind Dienstleistungsunternehmen, von ihnen wird ein Service erwartet, der sich vom Verhalten von Behörden, Ämtern und ähnlichen Einrichtungen unterscheidet. Telefoniere ich mit einem Sportverein, um mich zu informieren, und bekomme nur unfreundliche Gesprächspartner an den Hörer, sind alle PR-Bemühungen dieses Vereins umsonst. Öffentlichkeitsarbeit kann nur dann Früchte tragen, wenn eingehalten wird, was versprochen wurde.

4.3.2 Der Presseverteiler

Grundlage jeder Pressearbeit ist der sogenannte Presseverteiler, eine Adressen- und Datensammlung, in der die wichtigsten Angaben der für die Pressearbeit in Frage kommenden Medien aufgeführt sind. Früher bestand der Presseverteiler üblicherweise aus einer Ansammlung von Karteikarten. Im Zeitalter der elektronischen Datenverarbeitung bietet es sich allerdings an, spezielle Computer-Programme zu nutzen. Mit den heute gebräuchlichen Textverarbeitungsprogrammen lassen sich auf relativ einfache Weise die erfaßten Anschriften in eine Serienbriefdatei einfügen, über die eine Pressemitteilung versandt werden kann. Vor der Zusammenstellung des Presseverteilers sollte man sich darüber im Klaren sein, welche Medien überhaupt in Frage kommen – regionale Presse, regionale Sender, überregionale Presse, überregionale Wochenzeitschriften und Magazine, Fachzeitschriften (eine Übersicht der Möglichkeiten zeigt Tabelle 15). Gerade für kleinere Sportvereine sind die Regionalausgaben der Tageszeitungen die ersten Ansprechpartner. Hier ist der Abdruck einer Pressemitteilung aufgrund des lokalen Bezugs am wahrscheinlichsten. Mit einzubeziehen sind die regionalen Anzeigenblätter. Sie veröffentlichen nicht nur bezahlte Anzeigen, sondern führen in der Regel auch einen stark lokal orientierten redaktionellen Teil, wenngleich der meist knapper und qualitativ schwächer ist. Stadtmagazine nehmen insbesondere Terminhinweise gerne auf.

PRESSEVERTEILER

Lokal	Regional	Fachgebiet
Lokale Zeitungen Anzeigenblätter Stadtmagazine Lokalfunk Lokal-TV	Regional- zeitungen Regionalmagazine Nachrichten- agenturen Pressebüros Rundfunksender TV-Sender	Behindertensportmagazine Zeitschriften mit Zielgruppe Behinderte Sport-Zeitschriften

Tab. 15: Medien, die für einen Presseverteiler in Frage kommen (nach: LINDNER 1994)

Wie kommt man an die Adressen der geeigneten Medien? Beispielsweise hilft das Telefonbuch weiter. In den „Gelben Seiten" sind die Verlags- und Senderadressen aufgeführt. Oft geben Städte selbst Handbücher oder Listen von lokalen Medien und Verbänden heraus. Diese Listen sind meist kostenlos beim Presse- und Informationsamt oder der Pressestelle der Stadt erhältlich. Liegt eine solche Liste nicht vor, sollte man den Versuch wagen und die Stadtverwaltung bitten, ob sie im Rahmen ihres Bürgerservices auflisten kann, welche Medien sie mit Informationen bedient – es dürften meist die sein, die auch der Pressevertreter eines Vereins in seinen Verteiler aufnehmen sollte. Wie man an die Fachadressen kommt? Da hilft Ihnen u.a. auch dieses Buch weiter: Im Anhang sind Zeitschriften aufgeführt, die sich mit Behindertensport beschäftigen.

Generell ist ein Presseverteiler keine aufwendige Sache. Man kann sie aufwendig machen, indem man für den kleineren Verein weitgehend sinnlose Angaben wie etwa Auflagenzahl oder Vorlieben der Redakteure aufführt. Normalerweise kommt ein Verteiler aber mit folgenden Angaben aus:

- Medium
- Redaktion/Ressort
- Name der Journalistin, des Journalisten
- Anschrift
- Telefonnummer
- Faxnummer (eventuell auch E-Mail-Adresse)

Zu einer professionellen Pressearbeit gehört, dass man das gesamte Spektrum der regionalen Medien kennt und nutzen lernt. Dazu ist es notwendig, die lokale Presse regelmäßig zu beobachten und auszuwerten, um die Besonderheiten einzelner Medien kennenzulernen. Gibt es beispielsweise eine Jugendseite? Wer berichtet am liebsten worüber? Wer beständig die Presse auswertet, stößt auch eher auf Freie Journalisten, die möglicherweise einfacher für ein bestimmtes Thema zu interessieren sind als die „gestressten" Redaktionsmitglieder.

Der Aufbau eines Presseverteilers ist keine einmalige Angelegenheit. Neue Medien tauchen auf, Ansprechpartnerinnen und -partner in den Redaktionen wechseln. Ein Verteiler sollte deshalb regelmäßig aktualisiert werden. Wer auf regionaler Ebene eine erfolgreiche Pressearbeit betreibt, sollte sich andererseits nicht überschätzen. Meldungen des RSC Hinterwaldbach, insofern sie nicht von wirklich überregionalem Interesse sind, haben für große überregionale Zeitungen oder TV-Sender keinen Nachrichtenwert.

4.3.3 Wie hat eine Pressemitteilung auszusehen?

Presse- und Öffentlichkeitsarbeit ist zum Großteil schriftliche Kommunikation. Texte, die von Vereinen als Pressemitteilung herausgegeben werden, lassen allerhand Rückschlüsse auf den Verfasser beziehungsweise den Verein, für den er schreibt, zu. Pressemitteilungen können somit die Reputation eines Vereins entscheidend fördern oder einschränken, sie können Vertrauen schaffen oder Misstrauen erzeugen. Eine perfekte Pressemitteilung überzeugt dabei durch zweierlei: Zum einen durch ihre äußere Form, zum anderen durch die Textaussage und die sprachliche Qualität. Von großer Bedeutung für den Erfolg einer Pressemitteilung ist, dass gewisse Regeln der äußeren Form eingehalten werden. Wenn sich ein Redaktionsleiter oder Chef vom Dienst am Morgen der Postmappe annimmt, dann ist das eine Sache von Sekunden. Binnen zehn Sekunden oder weniger wird wahrgenommen: Absender, Thema, Inhalt. Dann wird entschieden: wichtig oder unwichtig? Letzteres (das meiste) verschwindet im Papierkorb. Das Ganze geht so schnell vonstatten, weil die Masse an Nachrichten so umfangreich ist. Denn nahezu alle gesellschaftlichen Bereiche streben in die Medien. Das tatsächliche oder vermutete Leserinteresse ist schließlich das Hauptkriterium bei der Entscheidung: Papierkorb oder Redaktionsschreibtisch. Wer mit der Angabe des Themas (keine Überschrift im eigentlichen Sinne) vermitteln kann, dass nun eine interessante Nachricht folgt, hat schon fast gewonnen, wenn Form und Inhalt der Pressemitteilung stimmen. Der Pressevertreter eines Vereins sollte bereits über die äußere Form seiner Mitteilung den besonderen Wert seiner Information signalisieren. Erst Art und Form der Mitteilung machen ihn zu einem ernstzunehmenden Absender. Die richtige äußere Form ist die mediengerechte, damit der Redakteur die Nachricht schnell bearbeiten kann und nicht in die Ablage schiebt. Zu beachten gilt (siehe auch Abbildung 15):

- Text mit 1,5- bis 2-zeiligem Abstand schreiben
- Am Rand Platz für die redaktionelle Bearbeitung lassen
- Platz für die Überschrift lassen (macht jede Redaktion selbst)
- Immer Rufnummer angeben (für Rückfragen)

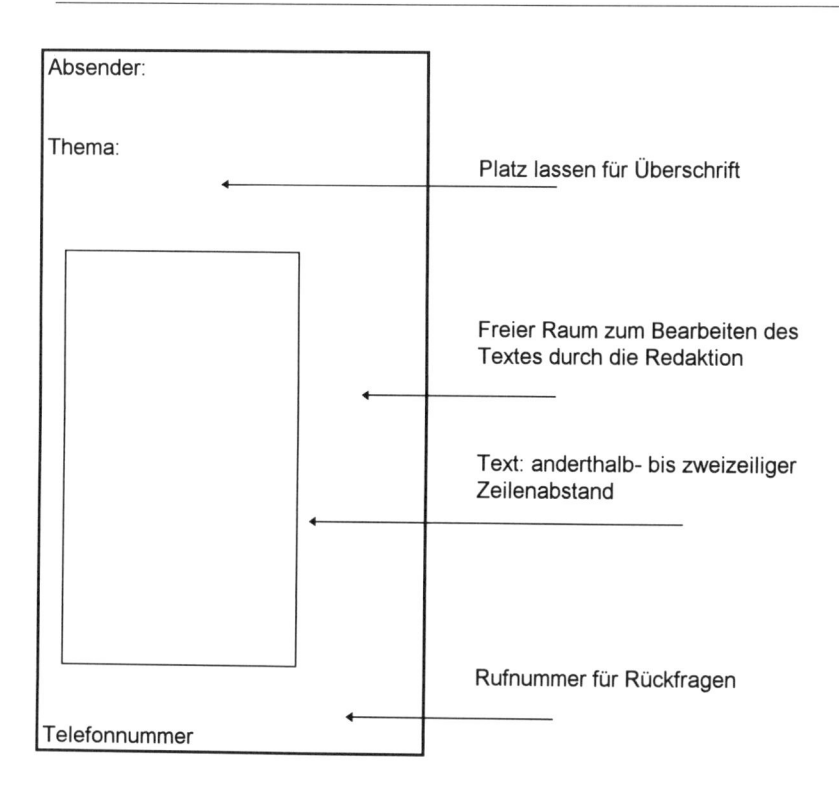

Leitfaden: Öffentlichkeitsarbeit für Behindertensportvereine 143

```
Absender:

Thema:
                    ←――――    Platz lassen für Überschrift


                             Freier Raum zum Bearbeiten des
                    ←――――    Textes durch die Redaktion


                             Text: anderthalb- bis zweizeiliger
                    ←――――    Zeilenabstand



                             Rufnummer für Rückfragen
Telefonnummer       ←――――
```

Abb. 15: Beispiel für die korrekte Form einer Pressemitteilung (nach: LINDNER 1994)

Die Texte sind außerdem so zu verfassen, wie sie auch in der Zeitung erscheinen sollen, das heißt, auf Hervorhebungen in Versalien (Großbuchstaben), durchgehende Kleinschreibung oder ähnliche Experimente ist besser zu verzichten. All diese Dinge muß der Redakteur verbessern, bevor die Manuskripte erfasst werden. Denn die Erfasserinnen und Erfasser sind angewiesen, genau das abzuschreiben, was im Manuskript steht. Im Zweifelsfall geben sie damit auch Fehler ein. Es zählt also nicht das Hochglanzpapier mit dem von einer Werbeagentur neu gestalteten Vierfarb-Logo, sondern in erster Linie die Form, mit der die Redaktion sofort weiterarbeiten kann. Ist die richtig, wird dem Redakteur signalisiert: Hier ist ein kompetenter Pressevertreter, der unsere Arbeitsweise kennt. Mit so jemandem wird natürlich lieber zusammengearbeitet, als mit Leuten, die ihr Handwerk nicht beherrschen.

In der Regel sollte eine einfache Pressemitteilung nicht länger als eine DIN-A4-Seite sein. Wenn wirklich mehr mitzuteilen ist, kann die Pressemitteilung um zusätzliche Informationen ergänzt werden. Beispielsweise können Kurzporträts von wichtigen Personen beigelegt werden oder das bereits fertiggestellte Informations-Faltblatt zu einer Veranstaltung. Die Pressemitteilung sollte dennoch alle wesentlichen Informationen enthalten, die in den Beilagen aufgeführt sind. Die zusätzlichen Informationen stellen lediglich ein Service-Angebot dar.

4.3.4 Für die Pressemitteilung texten

Eine erfolgreiche Kommunikation bedarf guter Texte, die auch gelesen werden. Diese sind verständlich geschrieben und geben keine Rätsel auf, sie wecken Interesse und langweilen nicht. Sie müssen neugierig auf die eigene Arbeit machen und dürfen nicht abschrecken. Verständlich und interessant zu schreiben ist allerdings nicht einfach. Vielen fällt es schwer, sich von akademischer Prosa oder dem Behördenstil zu trennen. Das setzen gute, lesbare Texte jedoch voraus. Des Weiteren sollte eingesehen werden, dass man in erster Linie für andere schreibt. Selbstdarstellerische Beiträge sind nicht gefragt. Beim Texten für die Pressearbeit kommt es darauf an, die potentiellen Leserinnen und Leser vor Augen zu haben, zu hinterfragen, was diese interessiert, neugierig macht und überzeugt. Jeder schlecht geschriebene Text ist eine verpasste Kommunikationschance. Hält man sich hingegen im Wesentlichen an die Anmerkungen in den drei folgenden Kapiteln kann nicht viel schiefgehen – vorausgesetzt der Inhalt der Mitteilung stimmt.

4.3.4.1 Die richtigen Worte schreiben

Man kann es bekanntlich so und so sagen. Mit einfachen Worten kann ich einen Sachverhalt treffend und anschaulich beschreiben. Ich kann ihn hingegen auch mit schwergängigen oder aufgeblasenen Wörtern fad und uninteressant erscheinen lassen. Gerade die Verben sind es, die Texte besser machen, die ihnen Leben einhauchen. In vielen Texten fristen die Verben allerdings ein Schattendasein, werden von Substantiven einfach überrannt, wie in folgendem Beispiel:

> *Die Ausrichtung des „Spielfests für alle" unterliegt auch in diesem Jahr der Betreuung des Behinderten-Sportvereins Neustadt und der Stadt Neustadt. Am Sonntag, den 16. Mai, geht bereits die sechste Ausrichtung dieser Veranstaltung über die Bühne. Ort ist wieder die Sporthalle der Schillerschule in der Lindenstraße in Neustadt. Die Halle unterzieht sich dabei einer Verwandlung zu einem großen Spielepark mit attraktiven Mitmachstationen und Spielangeboten, die eine Einladung zur allgemeinen Bewegung sind. Die Eröffnung wird um 14 Uhr von Bürgermeisterin Hilda Schmidt durchgeführt, die ihr Kommen mit einer festen Zusage verbunden hat.*

Dieses Beispiel läßt die Herzen von „Substantivisten" höher schlagen. Verben wie ausrichten, betreuen oder verwandeln wurden mit der Endung *ung* substantiviert. Es folgt ein Hauptwort auf das andere. Das Resultat ist ein trockener und schwerfälliger Nominalstil, der in Behörden und Amtsstuben regiert. Viel dynamischer liest sich der gleiche Inhalt, wenn Verben verwendet werden:

> *Auch in diesem Jahr wird das „Spielfest für alle" vom Behinderten-Sportverein Neustadt und der Stadt Neustadt ausgerichtet. Bereits zum sechsten Mal geht diese Veranstaltung in Neustadt über die Bühne – in diesem Jahr am Sonntag, den 16. Mai, und wieder in der Sporthalle der Schillerschule in der Lindenstraße in Neustadt. Die Halle wird sich in einen großen Spiele-*

park verwandeln. Attraktive Mitmachstationen und Spielangebote laden alle ein, sich zu bewegen. Bürgermeisterin Hilda Schmidt, die fest zugesagt hat, wird die Veranstaltung um 14 Uhr eröffnen.

In Presseerklärungen sind Substantive, so gut es eben geht, zu vermeiden. Meist ist ein Hauptwort nur angebracht, wenn etwas regelmäßig und routiniert geschieht. Beispielsweise: die Verleihung der Medaillen, das Wechseln des Schlägers. Des weiteren ist zu beachten, daß nicht alle Verben gleich sind. „Funktionsverben" wie *unter Beweis stellen* (statt beweisen), *Beachtung schenken* (statt beachten) oder *in Augenschein nehmen* (statt ansehen) laden zu verschachtelten Sätzen ein und machen Texte schwerer verständlich. Eine weitere Empfehlung: Meiden Sie Bürokraten-Verben wie *bewirken, bewerkstelligen, vergegenwärtigen* oder *beinhalten*. Diese Verben mögen manchem imponieren, aber die Sätze wirken dann meist holprig und steif.

Ein gutes Beispiel dafür, wie Verben einen Text würzen können, ist das berühmte Zitat des antiken römischen Kaisers und Feldherrn Julius Cäsar: „,Ich kam, sah und siegte', soll Cäsar gesagt haben. Dieser Satz läßt sich auch anders formulieren: Nach Erreich*ung* der hiesigen Örtlichkeiten und Besichtig*ung* derselben war mir die Erring*ung* des Sieges möglich" (LINDNER 1994, 56).

Imponierende Wörter, die allein das Lesen erschweren und Texte erlahmen lassen, sind auch zusammengesetzte Substantive wie beispielsweise Freizeitgestaltungsmöglichkeiten, Gesundheitsförderungsprogramme oder Trainingsleistungsoptimierung. Verwenden Sie, wenn möglich, kurze Wörter. Das *Ziel* ist besser als die aufgeblähte Version die *Zielsetzung*, weil das Gleiche gemeint ist.

Was noch in Pressemitteilungen vermieden werden sollte, ist der Superlativ. Der gehört in die Werbung. Weißer als weiß geht es nicht mehr. Marktschreierisch und unseriös wirkt der Superlativ in Presseinformationen. Er sollte hier nur sparsam und nach reiflicher Überlegung verwendet werden. Fremdwörtern und Fachausdrücken ist ebenso auszuweichen. Wer sie mit Vorliebe benutzt, schreibt nicht, um andere zu unterrichten, sondern um zu imponieren oder einzuschüchtern. Fremdwörter, die zum festen Sprachgebrauch zählen, sind natürlich angebracht. Man kann also durchaus für ein neues Konzept *plädieren* und die Begegnung *analysieren*, sollte aber nicht von des Trainers kommunikativer Kompetenz, latenter Spannung im Ligaausschuss oder manifesten Dissonanzen zwischen Vereinen berichten. Wenn Fremdwörter verwendet werden, müssen sie verständlich und treffend sein. Ansonsten wirken Texte schwülstig.

4.3.4.2 Die richtigen Sätze

In der Kürze soll bekanntlich die Würze liegen. Das gilt ganz besonders für den Satzbau. Kurze Sätze sind verständlicher und lesen sich angenehmer als lange. Andererseits sollten kurze Hauptsätze keineswegs im Stakkatostil aneinandergereiht werden. Das erzeugt nur Langeweile: „Das Wetter war gut. Unsere Mannschaft hatte viel Spaß. Wir konnten unseren Titel verteidigen". Eine Richtlinie für *die richtige* Satzlänge gibt es nicht. Beim Schreiben eines Satzes sollte man aber immer überlegen, ob bestimmte Wörter auch in der Tat notwendig sind. Denn jeder einzelne Satz muss verständlich formuliert sein, damit der gesamte Text flüssig zu lesen ist. Am besten man wechselt zwischen mäßig kurzen und mäßig langen Sätzen und packt nicht zu viele Wörter in die Hauptsätze.

Hauptübel vieler Sätze ist indessen nicht deren Länge, sondern die Bauweise. Verschachtelte Satzkonstruktionen erschweren das Lesen. Oft muß man den betreffenden Satz zweimal überfliegen, um zu verstehen, was der Autor sagen möchte. „Georg Müller sprang, weil er diesmal mit seiner neuen Prothese antrat, erstmals über 4,80 Meter". Ein eingeschobener Nebensatz ist kein Problem. „Georg Müller, der mit einer neuen Prothese, die aus Titan gefertigt ist, das besonders leicht und belastbar ist, den Wettbewerb absolvierte, kam erstmals über 4,80 Meter." Ein furchtbarer Satz. Gerade ungeübte Schreiber verfallen recht gerne in den Schachtelstil. Besser als eingeschobene Nebensätze lesen sich angehängte.

Statt:

Der Trainer hatte, als er vor die Mannschaft trat, die schon vom Vereinsvorstand informiert worden war, der Presse gegenüber bereits seinen Rücktritt erklärt.

lieber:

Der Trainer hatte der Presse gegenüber bereits seinen Rücktritt erklärt, als er vor die Mannschaft trat, die schon vom Vereinsvorstand informiert worden war.

Aber es ist immer besser, zwei übersichtliche Sätze zu schreiben als nur einen verschachtelten:

Der Trainer hatte der Presse gegenüber bereits seinen Rücktritt erklärt, als er vor die Mannschaft trat. Diese war jedoch vom Vereinsvorstand schon von seiner Entscheidung informiert worden.

4.3.4.3 Der richtige Inhalt

Journalistische Texte sind durchweg nach bestimmten Mustern konstruiert, an die sich auch Pressemitteilungen halten sollten. Dazu gehört zuerst die Wahl des richtigen Anfangs, der bedeutendsten Stelle im Text. Von Beginn an müssen Leserinnen und Leser wissen, worum es geht. Zudem soll Interesse am folgenden Text geweckt werden. Gerade der Anfang eines Beitrags stellt mithin eines der größten Probleme beim Texten dar. Er muss klar und allgemein verständlich sein. Denn der Leser ist die große Unbekannte. Schließlich schreibt der Pressearbeiter nicht für seinen Vorstand oder die Vereinsmitglieder, sondern in erster Linie für andere, die für den Verein und sein Thema interessiert werden sollen.

Pressetexte richten sich an Außenstehende, die keine Fachbegriffe verstehen und wissen wollen, worum es wirklich geht. Zugleich hat der Pressevertreter an die Redaktionen zu denken, die seinen Text weiterverarbeiten sollen: Der verantwortliche Redakteur entscheidet nämlich – wie bereits an anderer Stelle erläutert

– nach dem Lesen der ersten drei Zeilen, ob das Schreiben verarbeitet oder der Altpapiergewinnung zugeführt wird.

Alle Texteinstiege sind letztlich dem Ziel untergeordnet, den Leser bei der Stange zu halten. Die einfachste Möglichkeit ist, die nüchterne Information, die entscheidende Nachricht an den Anfang zu stellen. Nun weiß jeder, worum es geht, und kann entscheiden, ob er dabeibleibt. Natürlich kann man das Interesse des Lesers auch gezielt wecken. Der „Aufmerksamkeitswecker" am Anfang erregt Neugier, verschafft Spannung und den Wunsch, das „Rätsel" zu lösen. Auch mit einem Zitat kann man einen Text wirkungsvoll beginnen. Das (richtige) Zitat (einer wichtigen Person) fasst den Sachverhalt zusammen, stammt aus dem Mund eines Dritten und verleiht dem Text auf diese Weise Glaubwürdigkeit und Neutralität. Zitate machen einen Text außerdem lebendig. Wenn Zitate verwandt werden, ist es aber selbstverständlich, dass sie niemandem in den Mund gelegt sind, sondern so tatsächlich gesagt wurden, und der Zitierte mit der Veröffentlichung einverstanden ist.

Eine weitere Möglichkeit des Einstiegs ist die Frage. Auch sie fasst zusammen, kann den Kern der beschriebenen Thematik aufzeigen und macht auf eine (Neugier weckende) Problematik aufmerksam. Denn auf eine Frage will man eine Antwort. Die soll der nachfolgende Artikel liefern. Natürlich gibt es noch weitere Einstiegsmöglichkeiten für Texte, die aber für die Pressearbeit, die in erster Linie Nachrichten und Informationen vermitteln will, nicht sinnvoll sind.

Oft hilft dem Pressearbeiter beim Schreiben das Urteil anderer weiter. Wer Mut beweist und seinen Text einen befreundeten Außenstehenden durchlesen läßt, wird auf seine Defizite aufmerksam. Wenn der Außenstehende beim Lesen die Stirn runzelt, weiß der Schreiberling, dass er diese Stelle oder Passage noch einmal ändern sollte.

In einer Pressemitteilung gehört das Wichtigste an den Anfang. Um sich des Wichtigen bewusst zu werden, stellt man sich die sogenannten *W-Fragen*, die jeder Text unbedingt beantworten sollte: Wer? Was? Wann? Wo? Wie? Warum? Die Antworten auf diese Fragen bilden die Grundlage eines jeden Texts:

- **Wer** hat etwas gemacht/plant etwas?
- **Was** ist passiert/soll passieren?
- **Wann** ist das geschehen/soll es stattfinden?
- **Wo** ist das geschehen/wird es passieren?
- **Wie** ist es abgelaufen/wird es voraussichtlich ablaufen?
- **Warum** wurde dies getan/soll das getan werden?

Bezogen auf unser Beispiel:

Wer: Der Behindertensportverein Neustadt und die Stadt Neustadt
Was: 6. Spielfest für alle
Wann: 16. Mai, 14 bis 18 Uhr
Wo: Sporthalle der Schiller-Schule, Lindenstraße, Neustadt
Wie: Mitmachstationen, Spielangebote
Warum: Integrativer Gedanke – über den Kontakt zwischen behinderten und nichtbehinderten Kindern Vorurteile vermeiden.

Die Grundlage für eine Pressemitteilung steht jetzt. Nun muß der Rohstoff nur noch richtig zusammengefügt werden, um zu einer interessanten Ankündigung zu werden. Dabei ist zu fragen: Was ist wichtig, was ist interessant? In obigem Fall erscheint zum einen die Frage, warum eine solche Veranstaltung ins Leben gerufen wurde, von besonderem Interesse und zum anderen die Tatsache, dass der BSV Neustadt mit der Stadt Neustadt kooperiert. Ist man sich über den Wert der Fakten im Klaren, kann es mit dem Formulieren losgehen. Ein Vorschlag:

Gemeinsam Sport treiben und dabei Berührungsängste abbauen: Der Behinderten-Sportverein Neustadt und die Stadt Neustadt richten auch in diesem Jahr

Leitfaden: Öffentlichkeitsarbeit für Behindertensportvereine

> *zusammen ihr integratives „Spielfest für alle" aus. Am Sonntag, den 16. Mai, steigt die sport- und erlebnisorientierte Veranstaltung für alle Kinder bereits zum sechsten Mal und wieder in der Sporthalle der Schillerschule in der Lindenstraße.*
>
> *Die Halle wird sich dabei in einen großen Spielepark mit attraktiven Mitmachstationen und Spielangeboten verwandeln.*
>
> *Das Fest wird um 14 Uhr von Bürgermeisterin Hilda Schmidt eröffnet, das Ende ist gegen 18 Uhr geplant.*

Dieser Text ist nicht sonderlich originell, aber schließlich handelt es sich nicht um Werbung, sondern um einen seriösen Text, den ein Redakteur einer Lokalzeitung ohne Bedenken als Terminankündigung veröffentlichen kann. Auch die Länge stimmt, wenngleich der Vereinsvorstand wahrscheinlich der Ansicht sein würde, bei dem herausragenden Ereignis im Vereinsjahr müsste man eine Zeitungsseite reserviert bekommen. Tatsache aber ist, dass unter normalen Umständen kein Redakteur 200 Zeilen mit der Ankündigung für ein regelmäßig stattfindendes Spielfest füllt. Natürlich kann der Text um weitere informative Fakten verlängert werden, aber eine fünfseitige Pressemitteilung würde die Redakteurin nur verärgern, da sie sich die Fakten für eine Meldung mühsam selbst zusammensuchen muss. Hat man – bei wirklich interessanten Anlässen – mehr mitzuteilen, als auf eine Seite geht, kann man die Pressemitteilung um zusätzliche Informationen ergänzen. Die eigentliche Pressemitteilung muss aber in Kurzform alle wichtigen Informationen enthalten, die an die Presse gehen.

Es empfiehlt sich, der Pressemitteilung kein Begleitschreiben beizufügen, ob sie nun auf postalischem Wege oder per Fax versandt wird. Sätze wie: *Wir bitten um freundliche Berücksichtigung dieser Mitteilung* oder *Bitte veröffentlichen Sie diese Mitteilung in Ihrer nächsten Ausgabe* gehen Journalisten nur auf die Nerven. Gute Pressemitteilungen brauchen kein Anschreiben, sie sind ein ausreichendes Angebot zur Berichterstattung. Ein kunstvolles Begleitschreiben macht eine miserable Pressemitteilung keineswegs besser.

Viel wichtiger ist es, sich Gedanken über den rechten Zeitpunkt einer Pressemitteilung zu machen. Wenn die Erfolge bei der Meisterschaft vom Samstag in der Montagsausgabe im Blatt sein sollen, müssen die Informationen der Redaktion am Sonntag Morgen vorliegen. Natürlich steht es der Redaktion dann frei, die Meldung auch zu einem späteren Zeitpunkt zu bringen. Das geschieht gerade bei Lokalzeitungen, in denen die Montagsausgabe des Sportteils der lokalen Fußball- und Handballberichterstattung vorbehalten ist. Wünscht man sich eine Vorankündigung der eigenen Veranstaltung, wie im Beispiel unseres Spielfests in Neustadt, geht am Montag vor der Veranstaltung den Redaktionen eine Pressemitteilung zu. Am Mittwoch wird eventuell nachgelegt mit Informationen über den genauen Programmablauf und Hinweisen. Am Freitag wird schließlich in der Redaktion angerufen und nachgefragt, ob jemand zur Veranstaltung kommt und darüber berichtet. Darüber hinaus sollte geprüft werden, ob ein spezielles „Timing" zu beachten ist. Möglicherweise gibt es an bestimmten Tagen bestimmte Rubriken, in welche die Informationen gut passen würden. Oder man beobachtet, dass am Mittwoch der Sportteil mit eher langweiligen Informationen sonst weniger beachteter Vereine gefüllt ist. Möglicherweise bietet sich hier die Chance, am Dienstag mit gut geschriebenenen Pressemitteilungen aufzuwarten. Oder man macht sich das Sommerloch zunutze und beliefert die Redaktionen gerade in dieser Zeit verstärkt mit Informationen. Die Chance, beachtet zu werden, ist dann höher.

Was aber tun, wenn Sie eine verständliche, informative, originelle, aktuelle Pressemitteilung zu einem Ihnen nun wirklich wichtig erscheinenden Thema verschickt haben, und in den nächsten Tagen steht davon keine Zeile in der Zeitung? Sie sollten sich nicht scheuen, in der Redaktion anzurufen und sachlich zu fragen, ob Ihre Pressemitteilung auch angekommen ist, ob das Thema überhaupt von Interesse ist, ob weitere Informationen erwünscht oder gar erforderlich sind. Informiert ein Verein die Lokalzeitung regelmäßig, aktuell, seriös und verständlich, aber eben vergeblich über seine Arbeit, dann spricht einiges dafür, dass andere, „politische" Kriterien für die Nichtbeachtung verantwortlich sind.

> **Eine gute Pressemitteilung...**
>
> ...vermittelt Neues und ist von allgemeinem Interesse.
> ...ist so lang wie nötig und so kurz wie möglich.
> ...ist mediengerecht aufgebaut.
> Das Wichtigste steht am Anfang. Keine Chronologie!
> ...ist sachlich.
> ...ist aktuell.
> ...hat die richtige äußere Form.

4.3.5 Pressekonferenzen

Pressekonferenzen haben eines im Sinn: Mit einer einzigen Aktion werden möglichst viele Journalisten mit den gleichen Informationen beliefert. Pressekonferenzen reduzieren damit die Informationsarbeit einer Organisation oder eines Vereins. Für Journalisten haben Pressekonferenzen den Vorteil, dass sie wissen: Was ihnen hier erzählt wird, bekommen auch die anderen Kollegen mit. Keiner wird in der Pressekonferenz bevorteilt. Journalisten wissen dabei, dass sie über das Erörterte berichten sollten, denn die Konkurrenz hat das Thema ja auch. Andererseits widersprechen Pressekonferenzen dem journalistischen Selbstverständnis. Journalisten möchten die Nachricht am liebsten für sich alleine, eine exklusive Neuigkeit zuerst veröffentlichen. Gerade das verhindern Pressekonferenzen.

Wenn Fußball-Bundesligaklubs nach einem Spiel oder außer der Reihe zu einer Pressekonferenz einladen, haben sie stets ein volles Haus. Viele Menschen interessieren sich halt für diese Vereine, ganz gleich, ob die Informationen neu oder gehaltvoll sind. Würde ein kleiner Sportverein nach jedem x-beliebigen Ereignis eine Pressekonferenz einberaumen, führte dies nur zu einem müden Lächeln auf den Gesichtern der Journalisten. Generell gilt: Pressekonferenzen und Pressegespräche sind nur dann sinnvoll, wenn die Themen so wichtig sind, daß sie ungewöhnliche Mittel rechtfertigen. Wenn sie nur anberaumt wurden, weil der Vereinsvorstand registriert hat, dass lange keine mehr stattgefunden hat, können Pressekonferenzen nur fehlschlagen.

Wer eine Pressekonferenz durchführen möchte, sollte sich in einem der im Literaturverzeichnis aufgeführten Bücher zur Pressearbeit genauer informieren. Recht anschaulich, durchaus kritisch, aber dennoch unterhaltsam setzt sich der Autor Norbert FRANCK (1996) mit der Pressekonferenz auseinander.

„Das anspruchsvollste Ziel jeder Öffentlichkeitsarbeit ist es, die Einstellungen und Images in den Köpfen der Menschen so zu verändern, daß sie nicht nur mit Ihrer Organisation vertraut werden, sondern Vertrauen in bezug auf Ihre Arbeit entwickeln" (LUTHE 1994, 20).

4.4 Behindertensport und Presse

Am Sport interessierte Menschen nutzen, wenn allein tagesaktuelle Medien betrachtet werden, das Fernsehen am liebsten zur Information, danach folgen Tageszeitungen und das Radio. Die Erwartungen an das jeweilige Medium sind aber recht unterschiedlich. Während vom Fernsehen in erster Linie Live-Übertragungen gewünscht werden, spielt die Tageszeitung die Rolle eines komplementären Mediums. Das heißt, zusätzlich zum aktuellen Angebot des Fernsehens wird „vertiefend" die Tageszeitung gelesen, die vor der Schnelligkeit der elektronischen Medien kapitulieren musste und nun versucht, u.a. mit Hintergrundthemen ihre Leser zu binden. Im Grunde ist zu erwarten, dass für die Tageszeitungen mehr und mehr Themen interessant werden, die das Fernsehen nicht abbildet. Hier kann der Sport gehandikapter Menschen so eher seinen „Stammplatz" im Sportteil erhalten. Die erste Voraussetzung dafür, die Verlagerung aus den Ressorts „Soziales" oder „Medizin" in den Sportteil, ist bereits getan.

„Insgesamt lassen sich in den vergangenen zehn Jahren entscheidende Wandlungsprozesse attestieren, wie die Medien über Behindertensport berichten: Behindertensport ist deutlich mehr Thema des Sportressorts (...) eine stärkere Leistungsorientierung ist ablesbar, der Behindertensport wird weitgehend tagesaktuell behandelt, Bewältigungsaspekte werden abnehmend thematisiert, nicht allein ‚Human-interest'-Themen bestimmen das Bild des Behindertensports in den Medien, in erster Linie findet Nachrichten- und Meldungsberichterstattung statt, zunehmend werden aber auch Features, Mischformen und Portraits eingesetzt, der Personalisierungsgrad der Berichterstattung ist gewachsen, ebenso wird stärker visualisiert (Fotos) etc." (WERNECKEN 1997).

Im Rahmen eines Vergleichs der Behindertensportberichterstattung amerikanischer und deutscher Zeitungen (*Frankfurter Allgemeine Zeitung, Frankfurter Rundschau und Bonner General-Anzeiger*) zeigte SCHIMANSKI (1994) auf, wie sich die Darstellung des Behindertensports in der Tagespresse von 1984 bis 1992 verändert hat. Die Studie ermittelte im Wesentlichen: Die Berichterstattung hat seit 1984 zugenommen; zu 80 Prozent wird über Behindertensport in Form von Meldungen und Nachrichten berichtet, obgleich ein Zuwachs an Features und Reportagen zu verzeichnen ist; inhaltlich konzentriert man sich zunehmend auf Paralympics und Sportpolitik; der Leistungsaspekt steht mehr im Vordergrund als das Human interest; die Berichterstattung hat sich eindeutig in den Sportteil verlagert; es handelt sich zu mehr als 90 Prozent um tagesaktuelle Berichterstattung; es dominiert die Gruppe der Rollstuhlfahrer; führende Sportarten sind Leichtathletik, gefolgt von Schwimmen und Rollstuhlbasketball.

Dass die Berichterstattung außerhalb der Paralympics zumindest bis 1992 auf einem äußerst niedrigen Niveau blieb, zeigt Tabelle 16.

Thema	1984 N (%)	1988 N (%)	1992 N (%)
Paralympics	9 (21,42)	38 (41,42)	44 (45,32)
Sportpolitik	8 (19,04)	27 (29,43)	28 (28,84)
Integrativer Sport	7 (16,66)	8 (8,72)	2 (2,06)
Weit. Wettbewerbe	5 (11,90)	8 (8,72)	2 (2,06)
Soziales	2 (4,76)	9 (9,81)	4 (4,12)
Therapie	4 (9,52)	1 (1,09)	3 (3,09)
Einzelporträt	2 (4,76)	0	6 (6,18)
Freizeit/Schule	2 (4,76)	1 (1,09)	2 (2,06)
Vereinsporträt	2 (4,76)	0	2 (2,06)
Ausrüstung	0	0	2 (2,06)
Sonstige	1 (2,38)	0	2 (2,06)
Gesamt	**42 (100)**	**92 (100)**	**97 (100)**

Tab. 16: Hauptthemen der Behindertensportberichterstattung in den Tageszeitungen Frankfurter Allgemeine Zeitung, Frankfurter Rundschau und Bonner General-Anzeiger in den Jahren 1984, 1988 und 1992 (modifiziert nach: SCHIMANSKI 1994)

Als weitere Inhaltsanalyse sei noch die Studie „Sport on air" von Michael SCHAFFRATH (1996) angeführt. Er untersuchte repräsentativ die Hörfunk-Berichterstattung über den Sport für das Jahr 1994 und führte eine ebenfalls repräsentative Untersuchung unter den Anbietern (199 Stationen antworteten) durch. Seine Erkenntnis: An der Gesamtberichterstattung macht der Behindertensport 0,2 Prozent aus.

Zu ähnlichen Ergebnissen kommen auch weitere Studien, die den Behindertensport in den Medien nicht isoliert, sondern im Gesamtvergleich eines abgesteckten Zeitraumes untersuchen. Andererseits ermittelte das Institut für Medienanalysen (IFM) in Karlsruhe, wie *in Sport-Bild* (4/96) veröffentlicht, eine Rangliste, nach der im Jahr 1995 die Behindertensportlerin Marianne Buggenhagen am längsten als Studiogast im Fernsehen präsent war (4:37 Stunden). Bemerkenswert

Leitfaden: Öffentlichkeitsarbeit für Behindertensportvereine 157

Christian Zeilermeier (re.) ist der erfolgreichste deutsche Judoka bei den Sehgeschädigten. Der Münchner war Weltmeister und Fünfter bei den Paralympics in Atlanta

ist indes auch, dass Leichtathletin Buggenhagen in *Sport-Bild* als „Marion" und unter den meistvertretenen männlichen Sportlern geführt wurde. Solche Fehler scheinen leider noch symptomatisch für den Umgang mit dem Behindertensport in den massenorientierten Medien zu sein.

Auch wenn solche Versehen ärgerlich sind, sollten sie doch für die Organisationen des Behindertensports Ansporn sein, die Medien umfassender und detaillierter über den Behindertensport zu informieren. Für den Verein als kleinste Organisationseinheit bedeutet eine schlechte Berichterstattung in erster Linie, mit konstruktiven Vorschlägen immer wieder auf die betreffenden Redaktionen zuzugehen und die Diskussion zu suchen. Nicht zu schade sollte man sich sein, Pressevertreter solange anzusprechen, bis die sich in der Sporthalle blicken lassen. Ist der Kontakt erst einmal hergestellt, sollte die Kommunikation fortan leichter fallen. Denn dann dürften sich die Nichtbehinderten von der Normalität der Behinderten überzeugt haben.

Gerade ungewöhnliche Wege führen zum Ziel. Wieso nicht einmal Journalisten zur Teilnahme an einem Rollstuhlbasketball-Spiel einladen? Oder ihnen die Augen verbinden und ein Goalballspiel anbieten. Kreativität ist gefragt, um neugierig zu machen. Natürlich kann man sich auch selbst zu einem informellen Gespräch in die Redaktion einladen. Letztlich dienen alle Maßnahmen zur Kontaktaufnahme nicht nur dazu, die Journalisten mit der Behinderung vertraut zu machen, sondern auch deren Behinderungen kennenzulernen. Man erfährt redaktionelle Hintergründe: welche Informationen werden benötigt, womit braucht man gar nicht anzukommen, wie und wann muss man Informationen abliefern?

Hilfreich kann es sein, die Zeitungen „genauer" zu lesen. Die „Fußball-Fraktion" einer Sportredaktion dürfte zum Beispiel schwerer für Behindertensport zu begeistern sein, als der Redakteur oder freie Mitarbeiter, der sich bereits des öfteren Randsportarten widmete.

Nicht zuletzt aber orientiert sich die Sportberichterstattung am Zuschauerinteresse. Denn wer die Ränge füllt, wird bei der anschließenden Berichterstattung in der Regel auch relativ viele Leser anziehen. Wenn zu einem Ligaspiel der Rolli-Basketballer im Durchschnitt nur zwanzig Zuschauer erscheinen, kann kaum Anspruch auf eine umfassende Berichterstattung erhoben werden.

Sicherlich treffen viele der angesprochenen Probleme für manche Behindertensportvereine nicht mehr zu, werden sie mit ihrer Presseresonanz, zumindest aus lokaler Sicht, durchaus zufrieden sein. Denn in der lokalen Berichterstattung etabliert sich Behindertensport viel eher als in der überregionalen. Für die Medien gelten hier zum Teil andere Auswahlkriterien und gerade über eine gute Pressearbeit ist der Weg ins lokale Blatt relativ einfach.

Zusammenfassung:

Oft gilt Presse- und Öffentlichkeitsarbeit in Vereinen mehr als notwendiges Übel denn als Chance, sich nach außen hin vorteilhaft zu präsentieren. Wer sich unqualifiziert oder gar nicht darstellt, darf auch nicht hoffen, von den Medien besonders berücksichtigt zu werden – und daraus Vorteile schöpfen zu können. Doch auch Engagement ist nicht alles. Der „Pressemensch" eines Vereins kommt ohne „Kompass" nicht aus; wie er seinen Klub darstellt, will zumindest in den Grundzügen durchdacht sein. Wobei sich die Maßnahmen kleinerer Vereine im Wesentlichen auf Pressemitteilungen beschränken. Eine gute Pressemitteilung überzeugt durch zweierlei: durch ihre äußere Form sowie durch die Textaussage und deren sprachliche Qualität (beispielsweise sind Substantive zu vermeiden und einfach zu lesende Sätze zu schreiben). Eine Pressemitteilung sollte zudem die Grundfragen beantworten: Wer? Was? Wann? Wo? Wie? Warum?

5 Resümee

Gerade der Sport vermag es, gesellschaftliche Einstellungen zu beeinflussen und zu wandeln. In den fünfziger Jahren durchbrachen in den USA schwarze Sportler die Rassenschranken im Basketball, andere Sportarten folgten. Zuvor hatten sich schwarze Boxer trotz anhaltender Diskriminierung gesellschaftliche Anerkennung erarbeitet. Die USA gelten gemeinhin, was gesellschaftliche Trends angeht, als Vorreiter-Nation. Auch beachtliche Fortschritte zur Integration von behinderten Menschen sind dort bereits erzielt. Physische Schranken, die den Zugang zu Gebäuden und öffentlichen Plätzen blockierten, sind abgerissen, der Zugang zum Nahverkehr ist ermöglicht und das Reisen einfacher gemacht. Durch ein nationales Behindertengesetz (in Deutschland existiert nur der Zusatz im Grundgesetz „Niemand darf wegen seiner Behinderung benachteiligt werden") ist der nötige Rechtsraum geschaffen, um wirkliche Veränderungen herbeizuführen. Natürlich hat auch der Vietnamkrieg, durch den viele Amerikaner zu Kriegsversehrten wurden, hier ein verstärktes öffentliches Bewusstsein für die Behinderung geschaffen. Behinderte Sportler haben in den USA einen ganz anderen Stellenwert als hierzulande. Sogar der Sportartikelhersteller *Nike* wirbt mit ihnen in TV-Spots.

Auch in Deutschland hat der Leistungssport Gehandikapter die Chance, zu einem Aushängeschild der Integrationsbewegung zu werden. Die integrativen Wirkungen gemeinsamen Sporttreibens sind schließlich hinlänglich bekannt. Wenn Menschen mit einer körperlichen Funktionseinschränkung Anerkennung im sportlichen Wettkampf erlangen können, vermögen sie auch andere Schranken niederzureißen. Sei es im Bildungswesen, in der Wirtschaft oder anderswo. Wenn erst allenthalben bekannt ist, dass Menschen mit einer körperlichen Behinderung sehr wohl wegen ihrer Leistung aufsehenerregende Sportler von Weltklasseniveau sein können, ist das ein gutes Argument, dass diese Menschen auch in anderen Bereichen ebenso hervorragende Leistungen wie Nichtbehinderte erzielen können.

Wenn ein Nichtbehinderter einen behinderten Menschen sieht, empfindet er häufig Mitleid. Er fühlt sich unwohl, weil er sich möglicherweise vorstellt, wie es wäre, wenn er selbst ein Bein weniger hätte oder nicht mehr gehen könnte. Weil das so ist, nimmt er den Behinderten nicht als Person, sondern in erster Linie seine Behinderung wahr. Das Bild der gehandikapten Person wird dadurch unscharf. Wer aber behinderte Menschen im sportlichen Wettkampf beobachtet, sieht womöglich bald nur noch die Sportler, die, rein zufällig, auch einen körperlichen Funktionsverlust besitzen. Sie springen, werfen und rennen genauso wie nichtbehinderte Sportler, zum Teil mit einer anderen Technik und vielleicht nicht ganz so weit und schnell, aber immer weiter und schneller. Und sie freuen oder ärgern sich genauso, taktieren mal richtig und mal falsch. Wer sich prinzipiell für den sportlichen Wettkampf begeistern kann und die Elite der Behindertensportler einmal bei ihren Wettkämpfen beobachtet, der dürfte erkennen, daß es sich hier um so ziemlich dasselbe handelt: puren Wettkampfsport mit allem, was dazugehört. Allein bekannte Namen fehlen. Und Persönlichkeiten, Heroen sind es nun einmal, welche die Popularität einer Sportart mitunter allein bedingen und aufrechterhalten. Würden Tennis und Boxen heute so häufig im Fernsehen mit hohen Einschaltquoten übertragen, wenn es „Boris" und „Henry" nicht gegeben hätte? „Namen" bedürfen aber zweierlei. Zum einen natürlich der herausragenden sportlichen Leistung verbunden mit passenden Persönlichkeitseigenschaften, zum anderen aber auch deren auffälliger Transport in die Öffentlichkeit. Letzteres ist Arbeits- und Aufgabengebiet der Sportmedien.

Doch das Verhältnis zwischen den Medien und dem Behindertensport ist überaus vielschichtig und nicht einfach zu fassen. Im Rahmen unserer Untersuchung am Institut für Sportwissenschaften der Johann-Wolfgang-Goethe Universität in Frankfurt am Main betrachteten wir drei Determinanten, die unserer Ansicht nach die defizitäre Berichterstattung über Behindertensport am nachhaltigsten bedingen: die Einstellungen der Journalisten zum Behindertensport/zu Behinderten, die Vielfalt der Schadensklassen und die defizitäre Öffentlichkeitsarbeit des nationalen Verbandes.

In puncto Öffentlichkeitsarbeit hat sich, seitdem diese Untersuchung 1994 durchgeführt wurde, eine Menge getan. Der Deutsche Behinderten-Sportverband

(DBS) vergibt Aufgaben im Marketing- und PR-Bereich an eine Agentur und betreibt so erstmals eine aktive, kontinuierliche und fachmännische Kommunikationspolitik. Daher ist auch die Sponsorensuche und -betreuung professioneller geworden. Erste Ergebnisse zeigen sich im Sponsorenpool „Team deutscher Behindertensport", dem inzwischen mehrere Wirtschafts-unternehmen beigetreten sind. Darüber hinaus hat der DBS einen Förderkreis gegründet, „um die weiteren Aufgaben auch finanzieren zu können, dazu gehört auch der sicherlich nicht geringe Aufwand für Öffentlichkeitsarbeit", sagt DBS-Präsident Theodor Zühlsdorf, der weiter ausführt: „Sicherlich müssen wir den Bereich der Öffentlichkeitsarbeit im DBS weiter professionalisieren. Aber hierzu müssen auch die finanziellen Mittel vorhanden sein. Zumal wir zusätzliches Personal nur aus eigenen Mitteln finanzieren können, denn die Zuwendungen der öffentlichen Hand sind an ihren Grenzen angelangt."

Die von Journalisten durchweg positiv beurteilte Betreuung während der Paralympics 1996 in Atlanta, die eine paralympische Rekord-Berichterstattung nach sich zog, sowie Initiativen wie das TV-Magazin *Fetz* (im Sportkanal *DSF*), die Internetpräsenz des DBS mit dem *Medienletter*, das Behindertensportspecial der Zeitschrift *Sports*[9] und ein Journalistenworkshop sind erste erfreuliche Auswirkungen der neuen Medienpolitik im deutschen Behindertensport. Unprofessionell wirkt dagegen, dass der DBS weiterhin nicht über eine eigene Verbandszeitschrift verfügt. Das Informationsblatt „DBS-Info" genügt diesem Anspruch nicht. Anzumerken ist jedoch, daß der DBS nicht mit einem gewöhnlichen Sportverband zu vergleichen ist. Wie der Deutsche Sportbund (DSB) vereint der DBS zahlreiche Fachverbände unter seinem Dach. Und allen diesen Interessen in einem Verbandsmagazin gerecht zu werden, dürfte schwer fallen, argumentieren die Funktionäre. Vielleicht mangelt es auch nur an einem entsprechenden Konzept, halten Kritiker dagegen.

---

9 Das Behindertensportspecial ist nicht Bestandteil der regulären Ausgabe von *Sports*, es wird nur an spezielle Behindertensportabonnenten verteilt. Ab Mitte 1998 ist ein regelmäßiges monatliches Erscheinen vorgesehen, die Auflage soll nach Angabe der Redaktion zwischen 5.000 und 20.000 Exemplaren liegen. Finanziert wird die Beilage von der Zeitschrift und Sponsoren.

Resümee

Die Vielfalt der Schadensklassen ist zur Zeit eine der großen Herausforderungen des Behindertensports. Selbst Fachleute blicken im Durcheinander der Klassen kaum durch, geschweige denn kann es der Öffentlichkeit transparent gemacht werden. Zudem kann man niemanden von spannenden leistungssportlichen Wettkämpfen im Behindertensport überzeugen, wenn aufgrund der Zergliederung bisweilen nur drei Teilnehmer die Medaillen einer Klasse unter sich ausmachen. Einige aussichtsreiche Ansätze die Klassen zu reduzieren, gibt es bereits, doch eine grundlegende Reform ist derzeit nicht in Sicht, wenn sie denn überhaupt möglich ist. Denn dass sich der leistungsorientiert betriebene Behindertensport irgendwann einmal so einheitlich präsentiert wie die olympischen Wettbewerbe, ist sicherlich nicht zu erwarten.

Obgleich die Medien-Präsenz von Behindertensport in den vergangenen Jahren erkennbar zugenommen hat, kann das Interesse der Redaktionen weiterhin nur als sehr gering bezeichnet werden, vor allem mit Blick auf die überregionale Berichterstattung und mit Blick auf Fernsehen und Radio. Während das gedruckte Wort mehr und mehr zum Komplementär-Medium des interessierten Menschen wird und der Behindertensport dort Nischen findet, unterliegt er im marktorientierten Mediensystem des Fernsehens einer ausgeprägten Konkurrenz zu massenattraktiven Angeboten und entsprechenden Schwerpunktsetzungen (WERNECKEN 1997). Die Sportarten werden im TV auf einige wenige, vor allem verkäufliche reduziert, die Berichterstattung ist klar am aktuellen Ereignis orientiert, es geht um herausragende und bekannte Personen, zumeist Männer. Erkennbar ist zudem eine zunehmende Kommerzialisierung und eine Aufmachung der Inhalte im Boulevardzeitungs-Stil. Der Behindertenport hat es schwer, in dieses System Einzug zu finden. Und generell bleibt der Eindruck haften, dass sich das Bewusstsein für Behindertensport in den Redaktionen noch nicht verankert hat. Nicht selten kommt eine Berichterstattung erst aufgrund von großem persönlichen Engagement interessierter Journalistinnen und Journalisten zustande. Bezeichnend ist, dass wenn über Behindertensport berichtet wird, es sich oft um – kurze – Nachrichten und Meldungen handelt. Während bei den Olympischen Spielen 1996 fast die gesamten Redaktionen der Nachrichtenagenturen *dpa* und *sid* in Atlanta vor

Ort waren, wurden die Paralympics nur mit je einem Vertreter besetzt. Insgesamt waren rund vierzig deutsche Journalisten bei den Paralympics 1996 in Atlanta akkreditiert, über die Olympischen Spiele berichteten mehrere hundert. Sicher, es wird erfreut registriert, dass sich jetzt mehr Journalisten interessiert mit dem Behindertensport auseinandersetzen als noch vor ein paar Jahren. Gleichwohl besteht Grund zur Annahme, dass viele Entscheidungsträger (Gatekeeper) in den Redaktionen weiterhin vom Nachrichtenwert des Behindertensports außerhalb der Paralympics nicht überzeugt sind.

Die Schlussfolgerung aus allen Interessenskonflikten zwischen den Medien und dem Behindertensport kann nur lauten: es ist weiterhin erforderlich, dass Vertreter auf allen Ebenen des Behindertensports aktiv bleiben bzw. werden und selbst auf die Medien zugehen. Dabei ist vorwurfsvolles Klagen nicht mehr angesagt. Der selbstbewusst gewordene Behindertensport sollte es nicht mehr nötig haben, auf kurzfristige „Caritas-Effekte" zu setzen. Vielmehr gilt es, langfristige Kooperationen aufzubauen und den Medien ausreichend Serviceleistungen zur Berichterstattung zu bieten.

Das zwar beharrliche, aber stets wenig konkrete Lamento über die „bösen" Redaktionen und Journalisten, die den Behindertensport vernachlässigen, brachte die Berichterstattung über die Wettbewerbe Gehandikapter jahrelang nur wenig weiter. Dass sich zumindest die paralympischen Präsentationen des Behindertensports nunmehr als große Medienereignisse etabliert haben, dürfte ein Produkt verschiedener Faktoren sein. Wozu sicher in erster Linie die gestiegene Professionalität des Behinderten-Wettkampfsports und seines Umfelds zu zählen ist, wie auch das persönliche Engagement interessierter Journalisten sowie das Eintreten der Politik für den Behindertensport. Dennoch steht der Behindertensport weiterhin vor vielen Hürden, die eine „gleichere" Betrachtung im Rahmen der Sportberichterstattung verhindern. Dazu gehört auch angebrachte Kritik. Oft kursiert der Eindruck, dass sich Journalisten schwer damit tun, behinderte Sportler bei dürftigen Leistungen „auseinanderzunehmen". Aus Mitgefühl? Wenn Rollstuhl-Basketballerinnen, die mit ihren Bällen die Körbe nicht mehr treffen, genauso kritisiert werden wie nichtbehinderte Fußballer, die wieder einmal verloren haben, dann wird (obgleich das für die Basketballerinnen ärgerlich ist), der richtige Weg beschritten. Die erfolgreichste deutsche Leichtathletin, Marianne Buggenhagen, schreibt in ihrer Autobiographie mit dem Titel „Ich bin von Kopf bis Fuß auf Leben eingestellt": „Bei Heike Drechsler klatscht schließlich auch niemand, wenn sie nur fünf Meter weit springt. Richtig angekommen sind wir erst dann, wenn wir uns nicht ausschließlich zwischen den Polen Ausgrenzung oder Ausnahmerecht bewegen, sondern wenn nach einem Wettkampf auch mal einer zu uns kommt und sagt: Das war heute nichts!" (BUGGENHAGEN 1996).

Der Hochspringer Carlo Thränhardt gehörte in den achtziger Jahren zu den ersten Spitzensportlern, die ihre Berührungsängste gegenüber behinderten Athleten ablegten. Beim von Thränhardt organisierten Hochsprungmeeting im Eifeldörfchen Simmerath waren einbeinige Hochspringer seit 1987 stets mit einem eigenen Wettkampf im Programm und avancierten rasch zu Publikumslieblingen. Als sich der Fernsehsender RTL die Übertragungsrechte für die Veranstaltung sichern wollte, erklärte sein damaliger Sportchef jedoch: „Behinderte schrecken unsere Werbekunden ab." Die Verhandlungen platzten, auch weil Thränhardt auf den Auftritt der gehandikapten Hochspringer nicht verzichten wollte.

Gunther Belitz, Journalist und
Aktivensprecher des DBS zum Thema
Behindertensport und Berichterstattung

Showsport kontra Behindertensport?

In unserer wissenschaftlichen Studie zu den Einstellungen von Sportjournalisten gegenüber dem Behindertensport wurde ein Zusammenhang zwischen dem Nichtberichten über Behindertensport und der Einstellung der Fremdartigkeit ermittelt. Bei der Fremdartigkeit handelt es sich um eine Emotion, die durch das andere äußere Erscheinungsbild eines Körperbehinderten erregt wird. Fremdartig heißt in diesem Zusammenhang, etwas als unharmonisch, unästhetisch zu empfinden. In der Einstellungsforschung scheint es unumstritten, daß sichtbare Körperbehinderungen bei nichtbehinderten Menschen Reaktionen wie etwa Angst und Unbehagen erzeugen. Daraus entwickeln sich pathologische Formen der Interaktion, die sich auch im Beziehungsgeflecht zwischen Behindertensport und den Medien wiederfinden. Unter anderem werden Begegnungen antizipatorisch vermieden. Doch gerade der Kontakt zum und das Kennenlernen des vermeintlich Andersartigen kann fremdartigem Empfinden entgegenwirken.

In der Sportberichterstattung von heute verstehen sich die Kommunikatoren immer mehr als Unterhalter. Zu Lasten des Informationsgehalts. Umschrieben wird dieses Phänomen mit dem Begriff des „Showsports". Showsport ist, kurz definiert, die Unterhaltungsshow des Fernsehens für sein Massenpublikum. Diese Frage sollte deshalb an dieser Stelle erlaubt sein und diskutiert werden: Kann der Sport behinderter Menschen die Kriterien des Showsports, respektive die entsprechende Erwartungshaltung der Rezipienten erfüllen?

Das Fernsehen ist für die Entwicklung des Hochleistungssports zur Show verantwortlich, es ist der Organisator der Sportshow geworden. „Fernsehen ist Sport und Sport ist Fernsehen", sagt IOC-Präsident Juan Antonio Samaranch. Die sportlichen Leistungen der Athletinnen und Athleten machen gemeinsam mit ihrer Präsentation die Show aus. Durch die visuellen Mittel der Darstellung wird versucht, unter anderem solche Werte wie Erotik, Exotik und Schönheit in den Vordergrund zu rücken. Der informative, investigative Journalismus rückt dabei in den Hintergrund. Glück und Leid der Sporttreibenden sollen ein Höchstmaß an Unterhaltung bieten. Unterhaltsames Mitbangen, Mitfreuen und Mitleiden, das bringt die Quote. Gerade aber zwischen Behinderung und Unterhaltung besteht offenbar ein Missverhältnis. Das Phänomen Sport repräsentiert Werte wie Wohlbefinden, Gesundheit, Natürlichkeit und Leistungsvermögen. Das Phänomen Behinderung stellt für die meisten statt dessen Werte wie Missbefinden, Krankheit, Unnatürlichkeit und mangelnde Leistungsfähigkeit dar (WALTHES 1988). Deshalb tun sich Journalisten und Rezipienten zunächst schwer, einen unterhaltsamen Bezug im Behindertensport zu finden. Vielleicht vertraten auch gerade deswegen 7,2 Prozent der in unserer Untersuchung befragten Sportjournalisten die Ansicht, der Leistungssport behinderter Menschen gehöre abgeschafft.

Betrachtet man den Sport im Rahmen der Show, besticht jedenfalls seine erotische und ästhetische Qualität. Erotische Qualitäten sind unter anderem der Eros der Athletinnen und Athleten sowie die erotisierende Inszenierung durch die Massenmedien. Sportlerinnen und Sportler werden vor allem unter ihrem körperlichen Aspekt wahrgenommen. Der Zuschauer gerät gegenüber ihnen zunehmend zum Voyeur mit libidinösen Eigenschaften. Erst durch das Massenmedium Fernsehen wird die räumliche und persönliche Distanz zwischen Athletinnen und Athleten auf der einen und den Zuschauern auf der anderen Seite überwunden. Und die nahe Wirkung der Fernsehaufnahme erlaubt die erotische Inszenierung des sportlichen Körpers (HORTLEDER/GEBAUER 1986).

Weil sie mit einem körperlichen Funktionsverlust Sport treiben, wirken behinderte Sportlerinnen und Sportler auf viele nichtbehinderte Zuschauer nicht erotisch-ästhetisch anziehend – das wäre ein Erklärungsmodell für geringes Interesse. Manche Wissenschaftler sprechen in diesem Zusammenhang von einer „ästhetisch-sexuellen Aversion", deren Einfluß naturgemäß bei Behinderungen, die das Gesicht und die Haut betreffen, aber auch bei cerebralparetischen Lähmungen am stärksten ausgeprägt sei. Ein gewisser Erklärungswert kann dieser psycho-sexuellen Abwehrhaltung nicht abgesprochen werden (CLOERKES 1985).

Das Springen über eine Latte zählt zu den attraktivsten Wettbewerben der Leichtathletik. Das Bild zeigt den in diesem Buch oft zitierten Hochspringer und Journalisten Gunther Belitz. Der DBS-Aktivensprecher beschäftigt sich eingehend mit dem Verhältnis zwischen Behindertensport und Medien.

Festzustellen ist, dass der Behindertensport scheinbar nicht in die erotisch-ästhetische Struktur des Showsports passt und deshalb im Medium Fernsehen – insofern sich keine überraschende investigative Wandlung einstellt – bald an seine Grenzen stoßen wird. Zwar gibt es inzwischen im Spartensender *Deutsches Sportfernsehen (DSF)* an jedem ersten Samstag im Monat eine fünfzehnminütige Sendung („Fetz!") des Deutschen Behinderten-Sportverbandes (die dann noch dreimal auf quotenschwachen Sendeplätzen wiederholt wird), in der nicht die Behinderung oder die Lebensgeschichte des behinderten Sportlers thematisiert wird, sondern die sportliche Leistung im Vordergrund steht, doch eine konstante Integration in die etablierten Sportsendungen ist aufgrund der fortschreitenden Entwicklung zum Showsport nicht zu erwarten.

Resümee

In den Printmedien, vor allem den tagesaktuellen, und im Hörfunk ist die Entwicklung zum Showsport aufgrund der Distanz zum Sportler noch nicht so weit fortgeschritten, wenngleich der gestiegene Stellenwert der Sportfotografie in den Druckwerken Trends erkennen läßt. Der Behindertensport dürfte aber in denjenigen gedruckten Medien, die andere Werte im Umfeld des Sports diskutieren, bessere Chancen haben, seine Ziele zu erreichen. Zu bedenken gilt jedoch stets, dass eine allein umfangreichere Berichterstattung durch inadäquate Inhalte Vorurteile manifestieren kann. Mitleids- und Alibi-Berichterstattungen tragen nicht dazu bei, negative soziale Reaktionen gegenüber dem Behindertensport abzubauen. Auf die Art der Darstellung kommt es an. Der US-amerikanische Diskuswerfer Shawn Brown entgegnete einmal nach einem Weltrekord im einbeinigen Diskuswurf auf eine Interviewanfrage: „Geht es um sportliche Themen? Für die Rubrik ‚Menschliche Schicksale' bin ich nicht zu haben."

Sportler, ob mit einer körperlichen Funktionseinschränkung oder nicht, sind zuvorderst Menschen, die für ihre Leistungen im sportlichen Wettbewerb anerkannt und respektiert werden wollen. Auch wenn der eine oder andere eine außergewöhnliche Biografie hat: es sind nicht rührende Schicksalsgeschichten und ab und an einmal ein Porträt, was die Berichterstattung über Behindertensport normalisiert. Viel mehr würde das simple Aufführen der Ergebnisse von Behindertensportveranstaltungen in den schmucklosen Ergebnisblöcken bedeuten: der Stellenwert des Behindertensports ist für die Medien gestiegen. „Porträts haben eine Alibi-Funktion", hat der Rollstuhl-Tischtennisspieler Thomas Kreidel, mehrfacher Paralympicssieger, einmal gesagt. „Wenn ein Journalist keine Ahnung vom Behindertensport hat, dann wird erst einmal ein Porträt gemacht, und danach kommt nichts mehr." Die Behindertensportler wünschen sich eine laufende Berichterstattung über ihre Wettbewerbe. Und so verschleiert es letztlich die wahre Situation, wenn der Behindertensport alle vier Jahre wieder mit seinen Paralympics im Rampenlicht steht.

6 Literatur

Zitierte Literatur

BECKER, P.: Ob *FAZ* oder *Bild*, Sport bleibt Sport - zur Bedeutungskonsonanz der Sportberichterstattung. In: DIGEL, H. (Hrsg.): Sport und Berichterstattung. Reinbek bei Hamburg 1983, 74-95.

BELITZ, G.: Behindertensport – ein Problemthema für Sportjournalisten? In: DSB-Presse, Nr. 32-34 vom 6. August 1996. Frankfurt am Main 1996.

BINNEWIES, H.: Der „vergessene" Fußballsport. In: MODELLVERSUCH JOURNALISTEN-WEITERBILDUNG DER FREIEN UNIVERSITÄT BERLIN (Hrsg.): Der Satz „Der Ball ist rund" hat eine gewisse philosophische Tiefe. Berlin 1983, 218-225.

BORTZ, J.: Statistik. Für Sozialwissenschaftler. Berlin 1989 (3. Aufl.).

BUGGENHAGEN, M.: Ich bin von Kopf bis Fuß auf Leben eingestellt: die Autobiographie. Aufgeschrieben von Klaus Weise. Berlin 1996.

CLOERKES, G.: Einstellung und Verhalten gegenüber Behinderten. Berlin 1985 (3. Aufl.).

DYGUTSCH-LORENZ, I.: Die Rundfunkanstalt als Organisationsproblem. Düsseldorf 1971.

EMIG, J.: Barrieren eines investigativen Sportjournalismus. Bochum 1987.

ENTING, B.: Die Berichterstattung über die Paralympics 1996 in Atlanta – dargestellt in ausgewählten Printmedien (unveröff. Examensarbeit). Rhens 1997.

FRANCK, N.: Presse- und Öffentlichkeitsarbeit. Ein Ratgeber für Vereine, Verbände und Initiativen. Köln 1996.

GÖRNER, F.: Vom Außenseiter zum Aufsteiger: Ergebnisse der ersten repräsentativen Befragung von Sportjournalisten in Deutschland. Berlin 1995.

HACKFORTH, J.: Medien, Sport, Freizeit. Berlin 1985.

HACKFORTH, J.: Behindertensport in den Medien. In: BEHINDERTEN-SPORTVERBAND NORDRHEIN-WESTFALEN e.V.: 40 Jahre BSNW, Dokumentation des Symposiums „Behindertensport: Sein Stellenwert in der Arbeitswelt und Gesellschaft." Duisburg 1994, 46-48.

HACKFORTH, J./ FISCHER, C. (Hrsg.): ABC des Sportjournalismus. München 1994.

HORNUNG, R./ HELMINGER, A./ HÄTTICH, A.: Aids im Bewusstsein der Bevölkerung. Bern 1994.

HORTLEDER, G./ GEBAUER, G. (Hrsg.): Sport – Eros – Tod. Frankfurt am Main 1986.

JANSEN, G.W.: Die Einstellung der Gesellschaft zu Körperbehinderten. Rheinstetten 1981 (4. Aufl.).

JANTZEN, W.: Sozialisation und Behinderung. Gießen 1974.

KEPPLINGER, H.M.: Realkultur und Medienkultur. Literarische Karrieren in der Bundesrepublik. Freiburg 1975.

KRECH, D./ CRUTCHFIELD, R.S./ BALLACHEY, E.L.: Individual in Society. New York 1962.

LEWIN, M.: Psychologische Forschung im Umriß. Berlin 1986.

LINDNER, W.: Taschenbuch Pressearbeit: der Umgang mit Journalisten und Redaktionen. Heidelberg 1994.

LUTHE, D.: Öffentlichkeitsarbeit für Nonprofit-Organisationen. Eine Arbeitshilfe. Augsburg 1994.

MUMMENDEY, H.D.: Die Fragebogen-Methode. Göttingen 1987.

PFLANZ, E.: Behinderung und Öffentlichkeit – Journalismus und Behindertenbild. In: ERMERT, J.A. (Hrsg.): Akzeptanz von Behinderung. Frankfurt am Main 1994, 110-124.

RÜHL/RUGO KOMMUNIKATION: Kurzdokumentation Medienecho, Paralympics 1996 in Atlanta (unveröff. Dokumentation). Bonn 1996.

SCHAFFRATH, M.: Sport on air: Studie zur Sportberichterstattung öffentlich-rechtlicher und privater Radiosender in Deutschland. Berlin 1996.

SCHEID, V.: Chancen der Integration durch Sport. Aachen 1995.

SCHENK, M.: Medienwirkungsforschung. Tübingen 1987.

SCHIMANSKI, M.: Behindertensport in der deutschen und amerikanischen Tagespresse 1984-1992. Unter besonderer Berücksichtigung der Paralympics. Eine Analyse anhand ausgewählter Printmedien (unveröff. Examensarbeit). Köln 1994.

SCHLENKER, S.: Die paralympische Bewegung zwischen Integration und Segregation. Eine Studie zu den integrativen Möglichkeiten der paralympischen Bewegung (unveröff. Arbeit am Deutschen Olympischen Institut). Berlin 1996.

SEYWALD, A.: Physische Abweichung und soziale Stigmatisierung. Rheinstetten 1978 (2. Aufl.).

SILLER, J./ FERGUSON, L.T./ CHIPMAN, A./ VANN, D.H.: Attitudes of the Nondisabled towards the Physically Disabled. New York 1967a.

STAUTNER, B. K.: Abweichung – Behinderung – Sport in der modernen Gesellschaft: Eine Bestandsaufnahme und systemtheoretische Neuformulierung. Dissertation. Würzburg 1989.

TEWES, G.: Kritik der Sportberichterstattung. Düsseldorf 1991.

THIMM, W. (Hrsg.): Soziologie der Behinderten. Neuburgweier 1978 (5. Aufl.).

TODT, E.: Das Interesse: empirische Untersuchungen zu einem Motivationskonzept. Bern 1978.

VOM STEIN, A.: Die „Sport-Medien-Spirale" – oder: Spitzensportler im Wirkungszentrum der Massenmedien. In: HACKFORTH, J. (Hrsg.): Sportmedien und Mediensport. Berlin 1987, 37-53.

WALTHES, R.: Gemeinsames Sporttreiben von behinderten und nichtbehinderten Teilnehmern im Hochschulsport. In: RUSCH, H./ SPERLEN, N. (Hrsg.): Behindertensport an Hochschulen. Ahrensburg 1988, 140-155.

WERNECKEN, J.: Behindertensport und Medien (unveröff. Vortragsskript). Duderstadt 1997.

Weiterführende Literatur

ARBEITSGEMEINSCHAFT FÜR KOMMUNIKATIONSFORSCHUNG e.V. (Hrsg.): Mediennutzung/Medienwirkung. Berlin 1980.

ARNADE, S.: Mitleid behindert. In: journalist (1993) 9, 32-34.

ARNOLD, W./ ISRAEL, S./ RICHTER, H.: Sport mit Rollstuhlfahrern. Leipzig 1992.

BECKER, P.: Sport und Sozialisation. Reinbek bei Hamburg 1982.

BERG, K./ KIEFER, M.L. (Hrsg.): Massenkommunikation. Eine Langzeitstudie zur Mediennutzung und Medienwirkung. Mainz 1978.

BERGSDORF, W.: Herrschaft und Sprache. Pfullingen 1983.

BINNEWIES, H.: Sport und Berichterstattung. Ahrensburg bei Hamburg 1975.

BRACKEN, H. v.: Vorurteile gegen behinderte Kinder, ihre Familien und Schulen. Berlin 1981 (2. Aufl.).

BRICKENKAMP, R.: Handbuch psychologischer und pädagogischer Tests. Göttingen 1975.

Literatur

BRICKENKAMP, R.: Die Generelle Interessen-Skala (GIS). Göttingen 1990.

BRÜCKNER, M.: So machen Sie Ihren Verein erfolgreich: Presse- und Öffentlichkeitsarbeit, Sponsoring, Fundraising. Wien 1996.

BUNDESZENTRALE FÜR POLITISCHE BILDUNG: Handbuch Medienarbeit. Opladen 1991.

BURKART, R.: Kommunikationswissenschaft. Köln 1983.

BURKART, R. (Hrsg.): Wirkungen der Massenkommunikation. Wien 1987.

DIGEL, H. (Hrsg.): Sport und Berichterstattung. Reinbek bei Hamburg 1983.

DUMKE, D./ SCHÄFER, G.: Entwicklung behinderter und nichtbehinderter Schüler in Integrationsklassen. Weinheim 1993.

ERMERT, J.A. (Hrsg.): Akzeptanz von Behinderung. Frankfurt am Main 1994.

FISCHER, C.: Professionelle Sportkommunikatoren. Köln 1992.

GAUDER, M.: „Wir sind Willens über Behindertensport zu berichten" – Medienvertreter diskutierten zum Thema Behindertensport in den Medien. In: Behinderte machen Sport (1991) 11, 202.

GÖDEKE, P.: Der Stellenwert des Sports im Hörfunkprogramm. Münster 1976.

GOLDMANN, M./ HOOFFACKER, G.: Pressearbeit und PR. München 1996.

GOTTSCHLICH, M. (Hrsg.): Massenkommunikationsforschung. Theorieentwicklung und Problemperspektiven. Wien 1987.

HACKFORTH, J.: Sport im Fernsehen. Münster 1975.

HACKFORTH, J. (Hrsg.): Sportmedien und Mediensport. Wirkungen – Nutzung – Inhalte der Sportberichterstattung. Berlin 1987.

HACKFORTH, J.: Medien ignorieren Sportvielfalt. In: Behinderte machen Sport (1993) 7, 121.

HAGER, W./ SPIES, K.: Versuchsdurchführung und Versuchsbericht. Göttingen 1991.

HAHN, E./ PILZ, G.A./ STOLLENWERK, H.J./ WEIS, K. (Hrsg.): Fanverhalten, Massenmedien und Gewalt im Sport. Schorndorf 1988.

HONAUER, U.: Sport und Wort. Zürich 1990.

KAPPE, P./ SCHÖNEBECK, C.: Inhalte und Thematisierung von Presse und Fernsehen zu den Olympischen Spielen 1984 in Sarajewo. In: HACKFORTH, J. (Hrsg.): Sportmedien und Mediensport. Berlin 1987, 81-125.

KASCHADE, H.J.: Probleme der Integration – warum es so schwer ist Behinderte zu integrieren, Hochschulreihe. Band VI. Braunschweig 1991.

KASTEN, H.: Beiträge zu einer Theorie der Interessenentwicklung. Frankfurt am Main 1991.

KATHOLISCHES MILITÄRSBISCHOFSAMT: Behinderte in unserer Gesellschaft. Paderborn 1981.

KLEE, E.: Behindert. Frankfurt am Main 1980 (3. Aufl.).

KLEE, E.: Behinderten-Report 1. Frankfurt am Main 1981.

KLEE, E.: Behinderten-Report 2. Frankfurt am Main 1981.

KREBS, H.: Zum Bild des Menschen mit Behinderung. Hamm 1993.

KUNERT, S.: Verhaltensstörungen und psychagogische Maßnahmen bei körperbehinderten Kindern. Bonn 1967.

LANGENBUCHER, W.R.: Politik und Kommunikation. Über die öffentliche Meinungsbildung. München 1979.

LASSWELL, H.D.: The Structure and Function of Communication in Society. In: GOTTSCHLICH, M. (Hrsg.): Massenkommunikationsforschung. Theorieentwicklung und Problemperspektiven. Wien 1987, 17-26.

LERG, W.B.: Verdrängen oder ergänzen die Medien einander? Innovation und Wandel in Kommunikationssystemen. In: Publizistik 26 (1981) Jahresregister, 193-201.

LIENERT, G.: Testaufbau und Testanalyse. Weinheim 1969 (3. Aufl.).

MÖWIUS, D.: Lokalsportberichterstattung: Aufgeschlossene Leser. In: HACKFORTH, J. (Hrsg.): Sportmedien und Mediensport. Berlin 1987, 161-179.

NEUBERT, D./ CLOERKES, G.: Behinderung und Behinderte in verschiedenen Kulturen. Heidelberg 1987.

NOELLE-NEUMANN, E.: Die Schweigespirale. Berlin 1982.

NOELLE-NEUMANN, E.: Der getarnte Elefant. Über die Wirkung des Fernsehens. In: BURKART, R. (Hrsg.): Wirkungen der Massenkommunikation. Wien 1987, 170-177.

PAULI, K.S.: Leitfaden für die Pressearbeit. Anregungen, Beispiele, Checklisten. München 1993.

Literatur

POSTMAN, N.: Wir amüsieren uns zu Tode. Urteilsbildung im Zeitalter der Unterhaltungsindustrie. Frankfurt am Main 1985.

PRESSE UND INFORMATIONSAMT DER BUNDESREGIERUNG: Antwort auf die Kleine Anfrage der Abgeordneten Frau Wilms-Kegel und der Fraktion DIE GRÜNEN – Drucksache 11/7741 – Förderung des Behindertensports, vom 2.10.1990.

PROKOP, D.: Medienforschung. Band 2 und 3. Frankfurt am Main 1985.

RENCKSTORF, K.: Tagesablaufstudien und die Gewinnung neuer Datenqualitäten in der Massenkommunikationsforschung. In: BERG, K./ KIEFER, M.L. (Hrsg.): Massenkommunikation. Eine Langzeitstudie zur Mediennutzung und Medienwirkung, Mainz 1978, 323-343.

RENCKSTORF, K.: Menschen und Medien in der postindustriellen Gesellschaft. Neuere Beiträge zur Begründung eines alternativen Forschungsansatzes. Berlin 1984.

RIEDER, H.: Medien im Behindertensport. In: Treffpunkt 42 (1994) 2, 12-13.

RUSCH, H./ SPERLEN, N.: Behindertensport an Hochschulen. Ahrensburg 1988.

RUSCH, H./ GRÖSSING, S.: Sport mit Körperbehinderten. Schorndorf 1991.

SCHÄFER, B./ SIX, B.: Sozialpsychologie des Vorurteils. Stuttgart 1978.

SCHÄUBLE, W.: Der Beitrag des Behindertensports zur Integration in die Gesellschaft. Rede des Bundesminister des Innern zum 40jährigen Bestehen des Behinderten-Sportverbandes. In: Presse- und Informationsamt der Bundesregierung: Bulletin vom 25.09.1991, 820-822.

SCHULZ, W.: Die Konstruktion der Realität in den Nachrichtenmedien. Analyse der aktuellen Berichterstattung. Freiburg 1976.

SCHULZ, W.: Wirkungsmodelle der Medienwirkungsforschung. In: DEUTSCHE FORSCHUNGSGEMEINSCHAFT/KOMMISSION FÜR MEDIENWIRKUNGSFORSCHUNG (Hrsg.): Medienwirkungsforschung in der Bundesrepublik Deutschland. Teil 1: Berichte und Empfehlungen. Weinheim 1986, 83-100.

SEIFART, H.: Medienrealität und Medienzukunft. In: DEUTSCHER SPORTBUND (Hrsg.): Materialien zum Kongreß Menschen im Sport 2000. Schorndorf 1986, 194-201.

SEYWALD, A.: Anstossnahme an sichtbar Behinderten. Rheinstetten 1980.

SILLER, J./ FERGUSON, L.T./ VANN, D.H./ HOLLAND, B.: Structure of Attitudes towards the Physically Disabled. New York 1967b.

SPITZ, U.: Nichtbehinderte haben Berührungsängste und bleiben deshalb fern. In: Frankfurter Rundschau vom 28.07.1994.

THIMM, W.: Mit Behinderten leben. Freiburg 1981 (3. Aufl.).

WAGNER, H.: Medientabus und Kommunikationsverbote. München 1991.

WEBER, E.: „Leider keine adäquate Darstellung". In: SPORTjournalist (1993) 2, 54-55.

WEINLÄDER, H.G.: Leistungen Behinderter im Urteil Nichtbehinderter. Rheinstetten 1976.

WEISCHENBERG, S.: Die Außenseiter der Redaktion. Bochum 1976.

WINKLER, B. (Hrsg.): Was heißt denn hier fremd? München 1994.

WURZEL, B.: Sportunterricht mit Nichtbehinderten und Behinderten. Schorndorf 1991.

7 Anhang

7.1 Häufigkeitsverteilung der Items, die zur Bildung der sieben Einstellungs-Facetten verwendet wurden

Facette	1		2		3		4		5		6		7	
Stichprobe	J	R	J	R	J	R	J	R	J	R	J	R	J	R
Kateg. (N/%) 1	1 2,4	3 10	18 42,9	10 33,3	10 23,8	9 30	6 14,3	1 3,3	3 7,1	6 20	22 52,4	10 33,3	13 31	5 16,7
2	10 23,8	5 16,7	7 16,7	6 20	12 28,6	9 30	19 45,2	12 40	6 14,3	4 13,3	9 21,4	11 36,7	10 23,8	2 6,7
3	0 0	0 0	1 2,4	1 3,3	1 2,4	3 10	5 11,9	4 13,3	7 16,7	6 20	4 9,4	7 23,3	4 9,5	4 13,3
4	13 31	10 33,3	11 26,2	8 26,7	13 31	7 23,3	7 16,7	4 13,3	19 45,2	11 36,7	4 9,5	1 3,3	5 11,9	7 23,3
5	18 42,9	12 40	4 9,5	5 16,7	6 14,3	2 6,7	5 11,9	9 30	7 16,7	3 10	1 2,4	1 3,3	10 23,8	12 40
miss. value (N/%)	0	0	0	0	1 2,4	0	0	0	0	0	1 2,4	0	0	0
Ges. N	42	30	42	30	42	30	42	30	42	30	42	30	42	30

Legende:
Facette: 1: Fremdartigkeit, 2: Unsicherheit, 3: Last der Verantwortung, 4: Tendenz zur Vermeidung der Begegnung, 5: Bagatellisierung des Problems, 6: Unpersönliche Hilfe, 7: Mitleid.
Stichprobe: J: Journalisten; R: Rezipienten.
Kategorien: 1: Stimmt nicht, 2: Stimmt eher nicht, 3: Keine Meinung, 4: Stimmt eher, 5: Stimmt vollständig.

7.2 Zur Facettenbildung

Im Fragebogen wurden für alle sieben Einstellungspunkte sowie die Determinante Engagement drei zu bewertende Feststellungen (Items) formuliert. Um diese verschiedenen Items statistisch korrekt in Einstellungs-Dimensionen zusammenfassen und zur Hypothesenprüfung voranschreiten zu können, mussten alle drei Items einer Dimension auch das Gleiche messen, d.h. valide sein. Dies wurde überprüft, indem die Items einer jeden Dimension miteinander korreliert wurden. Die meisten Items korrelierten untereinander nicht, d.h. sie maßen nicht das gleiche Einstellungsmerkmal. Hier offenbarte sich die Schwierigkeit einer Dimensionenbildung. Auch JANSEN, an dessen Arbeit wir unsere Einteilung anlehnten, ermittelte keine klar umrissenen Dimensionen, sondern unterschied lediglich in acht Ergebnispunkte, die ihm zwar als übergreifende Einstellungscharakteristika nach Voruntersuchung, Fragebogenuntersuchung und Tiefeninterviews dienten, aber statistisch nicht abgesichert waren.

Da die ursprünglich vorgesehene Methodik der Dimensionenbildung aufgrund der niedrigen korrelativen Zusammenhänge der Items nun zweifelhaft erschien, standen uns drei Möglichkeiten zur Verfügung, voranzuschreiten. Zunächst hätten Argumente gesucht werden können, um die vorab erstellten Dimensionen beizubehalten und unter Vernachlässigung der Validitätsproblematik damit weiterzuverfahren. Mit Blick auf den wissenschaftlichen Anspruch dieser Arbeit kam diese Variante aber nicht in Betracht. Des Weiteren hätte mittels einer Faktorenanalyse nach neuen Dimensionen gesucht werden können. Jedoch zeigte die Korrelationsuntersuchung aller Variablen, dass es nur schwerlich möglich gewesen wäre, neue Dimensionen mit untereinander jeweils korrelierenden Items zu bilden. So verabschiedeten wir uns vom ursprünglich angedachten Untersuchungsdesign. Um wirklich eindeutige Merkmale zu erhalten und die Gültigkeit dieser Arbeit nicht zu gefährden, wurden für jede Einstellung ein Item ausgewählt (Einstellungs-Facette). Wenngleich auf diese Weise die Facetten-Ergebnisse jeweils nur auf einer Fragestellung basieren, so können diese jedoch als gültig und zuverlässig angesehen werden.

Die Auswahlkriterien für die zur Facettenbildung ausgewählten Items waren: die subjektive Einschätzung der Gültigkeit des Items im Hinblick auf das Einstellungs-Messziel; die Korrelationen innerhalb der angestellten, aber verworfenen Dimensionenbildung; der Cronbach α-Koeffizient (um zu allgemein gültigen Faktoren zu gelangen, wurde eine Reliabilitätsuntersuchung mittels der Alpha-Faktoren-Analyse nach Cronbach durchgeführt. Mit dem α-Koeffizienten kann ermittelt werden, wie gut eine Linearkombination von Variablen eine andere Variable repräsentiert (BORTZ 1989)).

7.3 Die Auswahl der Facetten-Items und die Ergebnisse der nicht zur Facettenbildung benutzten Items

Fremdartigkeit
Von den drei ursprünglich für die Dimension Fremdartigkeit gewählten Statements wurde Item 4 zur Facettenbildung beibehalten. Ausschlaggebend war zum einen die höchste Korrelation dieses Items innerhalb der vorab gebildeten Dimension Fremdartigkeit (0,74 nach Spearman für Sportjournalisten; 0,77 für Rezipienten). Auch die subjektive Einschätzung der höheren Validität im Hinblick auf das Messziel Fremdartigkeit sprach für die Übernahme von Item 4. Immerhin wird diese Einstellungskomponente in der Fragestellung von Item 4 wörtlich erwähnt. Cronbach's α nahm mit 0,74 für Sportjournalisten und 0,84 für Rezipienten innerhalb der Dimensionenbildung bei Item 4 ebenfalls den höchsten Wert ein.

„Behindertensport ist unästhetisch" (Item 12)
Hier betrug der Sportjournalisten-Mittelwert 1,8. Nur wenige Sportjournalisten fanden Behindertensport demnach unästhetisch. 81 Prozent der befragten Journalisten stimmten der Itemaussage nicht zu. Auch die Rezipienten schlossen sich dieser Ansicht an. Hier lag der Mittel-

wert sogar bei 1,6. 86,7 Prozent der Rezipienten schätzten Behindertensport als nicht unästhetisch ein.

„Es gibt viele Leute, die sich vor behinderten Sportlern ekeln" (20)
Im Gegensatz zu den ersten beiden Statements zur Fremdartigkeit stimmten relativ viele Sportjournalisten dieser Feststellung zu. Der Mittelwert betrug 3,4. Wichtig ist jedoch anzumerken, daß der Modus von zwölf Versuchspersonen bei dieser Feststellung auf „Habe keine Meinung" lag. Zudem handelte es sich um keine persönliche Einstellungsfrage, sondern die Versuchspersonen waren aufgefordert, für andere zu sprechen. Der Mittelwert der Rezipienten-Antworten lag bei 3,6. Auch bei dieser Stichprobe war der Anteil der Meinungslosen mit 23,3 Prozent überdurchschnittlich hoch. Im Nachhinein betrachtet, erscheint dieses Item nicht geeignet, die Fremdartigkeit gegenüber behinderten Sportlern zu erfassen.

Unsicherheit
Von den drei Items der Dimension Unsicherheit wurde Item Nummer 5 zur Facettenbildung und Hypothesenprüfung ausgewählt. Hier gab vor allem die höchste Spearman-Korrelation (0,83) für Sportjournalisten innerhalb der gebildeten Dimension den Ausschlag. Die Korrelation bei den Rezipienten lag hingegen mit 0,59 bei Item 5 niedriger als bei Item 13 (0,69). Andererseits nahm Cronbach's α bei Item 5 mit 0,86 (Sportjournalisten) und 0,68 (Rezipienten) den höchsten Wert unter den drei Unsicherheit-Items ein. Nach der subjektiven Einschätzung repräsentierten sowohl Item 5 als auch Item 13 den Untersuchungsgegenstand der Unsicherheit. Item 21 erschien nach allen drei Facetten-Auswahlkriterien ungeeignet.

„Mit einem körperbehinderten Sportler über seinen Sport zu reden, fällt nicht schwer" (13)
Sportjournalisten stimmen dieser in umgekehrter Fragerichtung formulierten These weitgehend zu. 85,4 Prozent der Journalisten fanden es keineswegs schwer, mit einem körperbehinderten Sportler über Sport zu sprechen. Der Mittelwert lag bei 4,2 (Stimmt eher). Auch die Rezipienten-Mehrheit stimmte der Feststellung generell zu (Mittelwert bei 3,9). Nur 14,6 Prozent der Sportjournalisten und 23,3 Prozent der Rezipienten bewerteten fachbezogene Gespräche mit behinderten Sportlern als schwierig.

„Körperbehinderte Sportler produzieren in einem ein Angstgefühl - man fühlt sich wie ‚gelähmt'" (21)
Die meisten Sportjournalisten stimmten dieser These nicht zu. 76,2 Prozent der Befragten antworteten mit „Stimmt nicht" oder „Stimmt eher nicht". Der Mittelwert aller Beantwortungen betrug 1,9. Die Rezipientenstichprobe lieferte ähnliche Resultate. Hier lagen 76,6 Prozent der Befragten auf den Kategorien „Stimmt nicht" sowie „Stimmt eher nicht" (Mittelwert: 1,9). Nur 9,5 Prozent der Sportjournalisten und 16,7 Prozent der Rezipienten gestanden (bereits erlebte oder erwartete) Angstgefühle in der Begegnung mit einem behinderten Sportler ein.

Last der Verantwortung
Zur Facettenbildung der Einstellungskomponente Last der Verantwortung wurde Item Nummer 6 verwendet. Dieses Item wies innerhalb der gebildeten Dimension die höchste Spearman-Korrelation (0,62) für Sportjournalisten auf und es lässt sich auch inhaltlich am besten mit einer Last der Verantwortung in Einklang bringen. Die Korrelation der Rezipienten (0,59) lag bei Item 6 nur unwesentlich niedriger als bei Item 22 (0,62). Cronbach's α nahm mit 0,77 für

Sportjournalisten und 0,71 für Rezipienten bei Item 6 den höchsten Wert von Items der vorab gebildeten Dimension Last der Verantwortung ein.

„Körperbehinderte Sportler können sich voll und ganz dem Sport widmen. Ihre finanzielle Sicherung übernimmt die Gesellschaft" (14)
Diese These wird von den befragten Sportjournalisten eindeutig nicht bestätigt. 39 Versuchspersonen stimmten dagegen. Nur ein Sportjournalist fand diese Feststellung zutreffend. Zwei Sportjournalisten antworteten nicht. Der Mittelwert lag bei 1,4. Die Ergebnisse der Rezipienten waren ähnlich strukturiert, der Mittelwert lag bei 1,8. Auffallend war, dass jeder fünfte Rezipient (20 Prozent) keine Meinung zu diesem Thema hatte.

„Die Behindertensportler betonen ihr Leid nicht" (22)
Auch die These, behinderte Sportler betonten ihr Leid (und die Journalisten fühlten sich deswegen verpflichtet), bestätigten die Sportjournalisten nicht. Dass behinderte Sportler ihr Leid betonen, glaubten lediglich sechs Versuchspersonen. Das Gros der Sportjournalisten (73,8 Prozent) stimmte dem in negativer Fragerichtung formulierten Item zu. Der Mittelwert lag bei 4,1. Für die Rezipienten verhielt es sich ähnlich, wenngleich der Mittelwert mit 3,7 hier etwas niedriger angesiedelt war.

Vermeidung der Begegnung
Zur Bildung der Facette Vermeidung wurde nach Auswertung der statistischen Daten Item 7 ausgewählt. Dieses wies die mit Abstand höchste Spearman-Korrelation innerhalb der Dimensionenbildung der Sportjournalisten-Stichprobe (0,88) sowie der Rezipienten-Stichprobe (0,97) auf. Auch Cronbach's α für Item 7 lag bei Sportjournalisten (0,89) und Rezipienten (0,99) am höchsten.

„Behinderten-Leistungssport sollte abgeschafft werden" (15)
Dieses Statement lehnten beide Stichprobengruppen entschieden ab. 92,8 Prozent der Sportjournalisten (Mittelwert 1,4) und alle Rezipienten (Mittelwert 1,0) stimmten dieser Formulierung nicht zu. Interessant bei dieser extremen Fragestellung war aber, dass immerhin 7,2 Prozent der Sportjournalisten für eine Abschaffung des Behinderten-Leistungssports plädierten.

„Behindertensportwettbewerbe sollten unter Ausschluss der Öffentlichkeit stattfinden" (23)
Dieses Item ähnelt inhaltlich Item 15, und es ergaben sich auch vergleichbare Ergebnisse. Ganz entschieden stimmten sowohl Sportjournalisten (Mittelwert 1,0) als auch Rezipienten (Mittelwert 1,1) der Itemaussage nicht zu. Keine einzige Versuchsperson beider Stichproben fand, dass Behindertensportwettbewerbe unter Ausschluss der Öffentlichkeit stattfinden sollten.

Bagatellisierung des Problems
Um die Facette Bagatellisierung des Problems zu messen, wurde Item Nummer 8 ausgewählt. Der Spearman-Korrelations-Koeffizient innerhalb der Dimensionenbildung bei Sportjournalisten zeigte sich mit 0,72 am höchsten. Desgleichen beschreibt auch die inhaltliche Aussage dieses Items die Problematik der Bagatellisierung am besten. Zudem nahm Cronbach's α für Item 8 (Sportjournalisten) mit 0,79 den höchsten Wert der drei Bagatellisierungs-Items ein. Items,

die auf mangelnder Rücksicht (Item 16) oder dem geistigen Ausgleich für Körperbehinderungen (Item 24) basieren, werden im Nachhinein als weniger geeignete Instrumente zur Erfassung der Einstellungskomponente ‚Bagatellisierung des Problems' eingeschätzt.

„Man sollte auf einen körperbehinderten Sportler besondere Rücksicht nehmen" (16)
Bei diesem – in negativer Fragerichtung formulierten – Item würden die Versuchspersonen bagatellisieren (oder dem Merkmal, das dieses Item misst, entsprechen), wenn sie nicht zustimmen. Dies taten immerhin 76,2 Prozent der Sportjournalisten. Nur 21,4 Prozent stimmten der Itemaussage zu. Der Mittelwert der Beantwortungen lag bei 2,3. Innerhalb der Rezipientenstichprobe fielen die Ansichten weniger extrem aus. 50 Prozent der Rezipienten stimmten der Itemaussage nicht zu, denken also, dass man auf einen behinderten Sportler keine Rücksicht nehmen sollte. 40 Prozent stimmten der Formulierung zu, 10 Prozent hatten keine Meinung; der Mittelwert der Rezipientenstichprobe lag bei 2,7.

„Körperbehinderte brauchen keinen Leistungssport, sie sollten besser ihre geistigen Fähigkeiten nutzen" (24)
Im Gegensatz zu den beiden anderen Items zur Bagatellisierung des Behindertensportproblems antworteten bei Item 24 entschieden weniger Versuchspersonen im Sinne des zu erfassenden Merkmals. 95,2 Prozent der Sportjournalisten meinten, die Aussage des Items stimme nicht. Nur 4,8 Prozent waren der Ansicht, dass behinderte Sportler eher ihre geistige Fähigkeiten nutzen sollten, anstatt Sport zu treiben. Der Mittelwert der Sportjournalisten lag bei 1,3. Die Rezipienten votierten noch entschiedener gegen die Itemaussage. Alle 30 Versuchspersonen stimmten dagegen, 29 davon mit „Stimmt nicht" (Mittelwert 1,0).

Unpersönliche Hilfe
Zur Beschreibung der Facette Unpersönliche Hilfe wurde Item Nummer 25 ausgewählt. Zwar wies Item Nummer 9 mit 0,73 die höhere Korrelation mit der erstellten Dimension bei der Sportjournalisten-Stichprobe auf (Item 25: 0,50), doch bei den Rezipienten sprach die Korrelation mit 0,83 für Item 25. Weiterhin wirkt Item 25 griffiger im Hinblick auf die zu erfassende Einstellungsform der unpersönlichen Hilfe. Zwar scheint es auch eine Ausprägung der unpersönlichen Hilfe zu sein, die Hilfe für Behinderte auf den Staat abzuwälzen (Item 9), doch Spenden, als Möglichkeit des „Sich-Loskaufens" von persönlicher Unterstützung, werden noch eher mit der Unpersönlichkeit in Verbindung gebracht (siehe hierzu auch JANSEN 1981, 120). Bei der Sportjournalistenstichprobe unterschied sich Cronbach's α für Item 25 (0,76) nur unwesentlich von Item 9 (0,78). Der α-Wert bei der Rezipientenstichprobe lag für Item 25 am höchsten (0,89).

„Man sollte die körperbehinderten Sportler näher kennenlernen" (17)
Bei diesem in umgekehrter Fragerichtung formulierten Item war die geringste Korrelation mit der Dimension Unpersönliche Hilfe zu erkennen (0,33). Die Fragestellung scheint also das zu messende Merkmal nicht zu erfassen. Die Verwendung von „Man sollte" erscheint nicht verpflichtend genug, um die tatsächliche Bereitschaft der Versuchspersonen, körperbehinderte Sportler kennenzulernen, zu erfassen. 92,8 Prozent der Sportjournalisten stimmten der Itemaussage zu, die restlichen 7,1 Prozent hatten keine Meinung, der Mittelwert lag bei 4,4. Bei den Rezipienten waren 83,3 Prozent der befragten Personen der Ansicht, dass man körperbehinderte Sportler näher kennenlernen sollte. 16,7 Prozent waren meinungslos (Mittelwert 4,5).

„Der Staat braucht nicht mehr als bisher für die körperbehinderten Sportler zu tun" (9)
Dieses Item zu bewerten, ist im Nachhinein schwierig. Selbst wenn Versuchspersonen der Ansicht sind, dass der Staat mehr für die behinderten Sportler tun müsste, ist hieraus nur schwerlich eine Form der unpersönlichen Hilfe abzulesen. Zu viele Störvariablen nehmen Einfluss auf die Antwort. Denn es ist durchaus auch der Kausalzusammenhang vorstellbar, dass viele Personen die mangelnde Unterstützung des Staates kritisieren, gerade weil sie selbst den Behindertensport in irgendeinerweise Weise (und sei es nur durch Berichterstatten oder Konsumieren) unterstützen. Auch die von einem Journalisten angemerkte, nicht gemachte Unterscheidung zwischen dem Breitensport Behinderter – der seiner Ansicht einer vermehrten staatlichen Unterstützung bedürfe – und dem Behinderten-Leistungssport könnte die Beantwortung des Items verfälschen. Die Mehrheit der Sportjournalisten (Mittelwert 1,9) war bei diesem in negativer Fragerichtung formulierten Item der Ansicht, dass der Staat nicht genug für die körperbehinderten Sportler tut (81 Prozent). Das Gegenteil behaupteten 14,3 Prozent. Die Rezipienten (Mittelwert 1,2) verhielten sich einstimmig: Alle Versuchspersonen antworteten mit „Stimmt nicht" (N = 25) oder „Stimmt eher nicht" (N = 5).

Mitleid
Für die Facette Mitleid wurde Item Nummer 10 ausgewählt. Während dieses Item eine Art des Schuldgefühls misst, das nach JANSEN (1981, 121) eng mit der Komponente Mitleid verbunden ist, wird Item Nummer 18 eher als Qualifikationsaussage eingeschätzt. Diese scheint weniger das Mitleid zu messen, als vielmehr darüber Auskunft zu geben, ob die betreffende Versuchsperson in einem Behindertensportler zuerst die Eigenschaft der Behinderung oder des Sporttreibens sieht. Zwar sind die Korrelationen und Cronbach's α für Item 18 am höchsten, doch hier soll die subjektive inhaltliche Einschätzung für Item 10 sprechen. Gegen Item 26, das auch als Mitleidsstatement eingeschätzt wird, sprachen die statistischen Werte. Die Korrelationen hinsichtlich beider Stichproben und auch Cronbach's α (0,84 für Sportjournalisten; 0,60 für Rezipienten) waren bei Item 10 höher als bei Item 26.

„Behindertensportler sind in erster Linie Behinderte und dann erst Sportler" (18)
Wie erwähnt, scheint dieses Item im Nachhinein ungeeignet, Mitleid zu erfassen. Es könnte eher als Definitionsfrage aufgefasst werden. 9,5 Prozent der Sportjournalisten bezeichneten Behindertensportler vorrangig als Behinderte und dann erst als Sportler. Dem stehen 81 Prozent gegenüber, die der Feststellung nicht zustimmen. Der Mittelwert der Sportjournalistenstichprobe lag bei 1,9. Unter den Rezipienten sahen 23,3 Prozent in behinderten Sportlern zuerst die Behinderung. 76,7 Prozent stimmen der Itemaussage nicht zu (Mittelwert 2,1).

„Ein behinderter Sportler hat neben dem Sport noch viel mehr von seinem Leben" (26)
Das Gros der Sportjournalisten (61,3 Prozent) stimmte dem in umgekehrter Sinnrichtung formulierten Item zu. Mitleid scheint demnach unter Sportjournalisten nicht sonderlich ausgeprägt zu sein. Die Zahl der Meinungslosen (21,4 Prozent) fiel aber sehr hoch aus, zudem antworteten drei Versuchspersonen (7,1 Prozent) nicht. Lediglich 9,5 Prozent zeigten Mitleid. Der Sportjournalisten-Mittelwert dieses Items lag bei 3,8. Die Verteilung bei den Rezipienten war ähnlich (Mittelwert 3,7). 63,3 Prozent entsprachen nicht der Mitleidskomponente, 23,3 Prozent hatten keine Meinung und 13,3 Prozent zeigten Mitleid.

Engagement
Für das bisherige Behinderten(sport)-Engagement gestaltete sich die Auswahl von Item 27 einfach. Zum einen sprach die Soziale-Kontakt-These inhaltlich für dieses Item (ein persönlicher Kontakt wird als der qualitativ hochwertigste eingeschätzt). Desweiteren sprachen auch die statistischen Kennwerte für Item 27. Die Korrelationen (0,82 für Sportjournalisten; 0,87 für Rezipienten) und auch Cronbach's α-Koeffizient (0,84 für Sportjournalisten, 0,81 für Rezipienten) fielen bei Item 27 am höchsten aus.

„Ich habe engen Kontakt zu Behinderten im Beruf" (11)
Von den Sportjournalisten gaben 16,7 Prozent (Mittelwert 2,0) engen Kontakt zu Behinderten (Behindertensportler oder Arbeitskollegen) an. Bei den Rezipienten waren es 13,4 Prozent, die im Beruf Kontakt zu Behinderten haben (Mittelwert 1,6).

„Ich bin noch nie mit Behindertensportlern zusammengekommen" (19)
Lediglich 7,1 Prozent der Sportjournalisten kannten keinen behinderten Sportler persönlich. 90,5 Prozent beantworteten die Fragestellung mit „Stimmt nicht" oder „Stimmt eher nicht" (Mittelwert 1,3). 60 Prozent der Rezipienten hatten noch keine Bekanntschaft mit einem Behindertensportler gemacht (Mittelwert 3,3).

7.4 Fachzeitschriften

Behinderte machen Sport, BSNW Behindertensport-Verlag GmbH, Friedrich-Alfred-Straße 10, 47055 Duisburg, Tel. 0203-7780-152, Fax: 0203-7780-163. Redaktion: Andreas Geist.

DBS-Info, Informationsdienst des Deutschen Behinderten-Sportverbandes (DBS), Friedrich-Alfred-Straße 10, 47055 Duisburg, Tel. 0203-7780-170, Fax: 0203-7780-178. Redaktion: Dieter Keuther.

Der Sportkamerad, Zeitschrift des Bayerischen Behinderten- und Versehrten-Sportverbandes, Kapuzinerstraße 25a, 80337 München, Tel. 089-544189-0, Fax: 089-544189-99. Redaktion: Dr. Kurt Rudhart.

handiCAP, esv Verlags GmbH, Wallbergstraße 3, 82024 Taufkirchen, Tel. 089-61202-0, Fax: 089-61267-29. Redaktion: Patricia Engelhorn. Herausgeber: Gunther Belitz, Berlin.

Rollstuhlsport, Lambertus-Kirchplatz 7, 59387 Ascheberg, Tel. und Fax: 02593-98443. Redaktion: Gregor Plessmann. Herausgeber: Deutscher Rollstuhl-Sportverband, Friedrich-Alfred-Straße 10, 47055 Duisburg.

Top-Team-Report, Große Kirchstraße 118, 51373 Leverkusen, Tel. 0214-403797, Fax: 0214-403798. Redaktion: Jörg Frischmann.

Anhang

7.5 Fragebögen

> Johann-Wolfgang Goethe Universität / Frankfurt am Main
>
> Institut für Sportwissenschaften
>
> Arbeitsbereich Freizeitsport
> -
> Prof. Dr. Klaus Bös

Untersucher: Oliver Kauer, Nagelsgäßchen 4, 63607 Wächtersbach, Tel. und Fax: 06053/70163

Untersuchungsziel:

Einstellungen von Sportjournalisten zur Behindertensportberichterstattung

Aus der Gesamtheit aller Sportjournalisten sind Sie per Zufallsstichprobe ausgewählt worden. Vorab schon einmal vielen Dank für Ihre Beantworung dieses Fragebogens, mit dem Sie unsere Untersuchung tatkräftig unterstützen.

In dem folgenden Fragebogen finden Sie eine Reihe von Feststellungen. Bitte geben Sie Ihre Stellungnahme hierzu durch Ankreuzen des zutreffenden Kästchens ab. Sie können dabei gar nichts falsch machen, denn es gibt keine für jede Person zutreffenden Antworten (kein Intelligenztest o.ä.). Antworten Sie bitte spontan ohne lange zu überlegen; lassen Sie bitte keine Antworten aus.

Die Untersuchung dient allein wissenschaftlichen Forschungszwecken, es werden keinerlei persönliche Daten ausgewertet, sondern es sind nur die Durchschnittswerte einer größeren Gruppe von Sportjournalisten interessant. Datenschutz ist gewährleistet.

Bitte senden Sie den Fragebogen per Fax an die Nummer 06053-70163 oder per Post an Oliver Kauer, Nagelsgäßchen 4, 63607 Wächtersbach zurück (bis 31.10.1994).

Sollten Sie an den Ergebnissen dieser Untersuchung interessiert sein, so bin ich gerne bereit, Ihnen nach Auswertung der Daten (Frühjahr 1995) eine Kurzfassung der Ergebnisse dieser Arbeit zukommen zu lassen.

Bitte teilen Sie mir das Untersuchungsergebnis mit: ja ☐   nein ☐

	Stimmt	Stimmt nicht
1. Ich habe schon über Behindertensport berichtet	☐	☐
2. Ich würde solche Termine gern des Öfteren wahrnehmen	☐	☐
3. Ich kenne keine Behindertensportler namentlich	☐	☐

	Stimmt vollständig	Stimmt eher	Habe keine Meinung	Stimmt eher nicht	Stimmt nicht
4. Behinderte Sportler sind nicht fremdartiger als „normale" Sportler	☐	☐	☐	☐	☐
5. Es fällt schwer, sich einem Behindertensportler gegenüber genauso zu verhalten wie einem nichtbehinderten Sportler	☐	☐	☐	☐	☐
6. Irgendwie fühlt man sich der Gruppe der Behindertensportler gegenüber verpflichtet	☐	☐	☐	☐	☐
7. Behinderte und nichtbehinderte Sportler können gut zusammen trainieren	☐	☐	☐	☐	☐
8. Für einen körperbehinderten Sportler ist sein eigenes Schicksal viel weniger hart als es für seine Umgebung aussieht	☐	☐	☐	☐	☐
9. Der Staat braucht nicht mehr als bisher für die körperbehinderten Sportler zu tun	☐	☐	☐	☐	☐

	Stimmt voll-ständig	Stimmt eher	Habe keine Meinung	Stimmt eher nicht	Stimmt nicht
10. Jeder Einzelne sollte den Behindertensport würdigen, alleine schon aus Dank dafür, daß es ihn nicht „getroffen" hat	☐	☐	☐	☐	☐
11. Ich habe engen Kontakt zu Behinderten im Beruf	☐	☐	-	☐	☐
12. Behindertensport ist unästhetisch	☐	☐	☐	☐	☐
13. Mit einem körperbehinderten Sportler über seinen Sport zu reden fällt nicht schwer	☐	☐	☐	☐	☐
14. Körperbehinderte Sportler können sich voll und ganz dem Sport widmen. Ihre finanzielle Sicherung übernimmt die Gesellschaft	☐	☐	☐	☐	☐
15. Behinderten-Leistungssport sollte abgeschafft werden	☐	☐	☐	☐	☐
16. Man sollte auf einen körperbehinderten Sportler besondere Rücksicht nehmen	☐	☐	☐	☐	☐
17. Man sollte die körperbehinderten Sportler näher kennenlernen	☐	☐	☐	☐	☐
18. Behindertensportler sind in erster Linie Behinderte und dann erst Sportler	☐	☐	☐	☐	☐
19. Ich bin noch nie mit Behindertensportlern zusammen gekommen	☐	☐	-	☐	☐
20. Es gibt viele Leute, die sich vor behinderten Sportlern ekeln	☐	☐	☐	☐	☐
21. Körperbehinderte Sportler produzieren in einem ein Angstgefühl - man fühlt sich wie „gelähmt"	☐	☐	☐	☐	☐
22. Die Behindertensportler betonen ihr Leid nicht	☐	☐	☐	☐	☐
23. Behindertensportwettbewerbe sollten unter Ausschluß der Öffentlichkeit stattfinden	☐	☐	☐	☐	☐
24. Körperbehinderte brauchen keinen Leistungssport, sie sollten besser ihre geistigen Fähigkeiten nutzen	☐	☐	☐	☐	☐
25. Am besten hilft man dem Behindertensport mit Spenden	☐	☐	☐	☐	☐
26. Ein behinderter Sportler hat neben dem Sport noch viel mehr von seinem Leben	☐	☐	☐	☐	☐
27. Ich kenne einen Behindertensportler persönlich	☐	☐	-	☐	☐
28. Für eine ansprechende Berichterstattung über den Behindertensport sollten die vielen Schadensklassen reduziert werden	☐	☐	☐	☐	☐
29. Die Informationen von Seiten des organisierten Behindertensports sind einfach zu dürftig, um gut und angemessen darüber zu berichten	☐	☐	☐	☐	☐

Angaben zur Person:

Alter _____ Jahre

Geschlecht: weiblich ☐   männlich ☐

Medium: TV   ☐
              Radio   ☐
              Tageszeitung ☐
              Magazin   ☐
              sonstiges: _____

Bitte per Fax zurück an: 06053-70163

Vielen Dank für Ihre Mithilfe!

Anhang

Johann-Wolfgang Goethe Universität / Frankfurt am Main

Institut für Sportwissenschaften

Arbeitsbereich Freizeitsport
-
Prof. Dr. Klaus Bös

Untersucher: Oliver Kauer, Nagelsgäßchen 4, 63607 Wächtersbach, Tel. und Fax: 06053/70163

Untersuchungsziel:

Einstellungen zur Behindertensportberichterstattung

Sie sind Sie per Zufallsstichprobe ausgewählt worden. Vorab schon einmal vielen Dank für Ihre Beantworung dieses Fragebogens, mit dem Sie unsere Untersuchung tatkräftig unterstützen.

In dem folgenden Fragebogen finden Sie eine Reihe von Feststellungen. Bitte geben Sie Ihre Stellungnahme hierzu durch Ankreuzen des zutreffenden Kästchens ab. Sie können dabei gar nichts falsch machen, denn es gibt keine für jede Person zutreffenden Antworten (kein Intelligenztest o.ä.). Antworten Sie bitte spontan ohne lange zu überlegen; lassen Sie bitte keine Antworten aus.

Die Untersuchung dient allein wissenschaftlichen Forschungszwecken, es werden keinerlei persönliche Daten ausgewertet, sondern es sind nur die Durchschnittswerte einer größeren Gruppe interessant. Datenschutz ist gewährleistet.

	Stimmt	Stimmt nicht
1. Sie haben schon Behindertensport in den Medien verfolgt	☐	☐
2. Solche Berichte sollten öfters gebracht werden	☐	☐
3. Ich würde das Fernsehprogramm wechseln, wenn eine längere Behindertensportreportage käme, auch wenn ich gerade „Lust auf Sport" hätte	☐	☐

	Stimmt vollständig	Stimmt eher	Habe keine Meinung	Stimmt eher nicht	Stimmt nicht
4. Behinderte Sportler sind nicht fremdartiger als „normale" Sportler	☐	☐	☐	☐	☐
5. Es fällt schwer, sich einem Behindertensportler gegenüber genauso zu verhalten wie einem nichtbehinderten Sportler	☐	☐	☐	☐	☐
6. Irgendwie fühlt man sich der Gruppe der Behindertensportler gegenüber verpflichtet	☐	☐	☐	☐	☐
7. Behinderte und nichtbehinderte Sportler können gut zusammen trainieren	☐	☐	☐	☐	☐
8. Für einen körperbehinderten Sportler ist sein eigenes Schicksal viel weniger hart als es für seine Umgebung aussieht	☐	☐	☐	☐	☐
9. Der Staat braucht nicht mehr als bisher für die körperbehinderten Sportler zu tun	☐	☐	☐	☐	☐

	Stimmt voll- ständig	Stimmt eher	Habe keine Meinung	Stimmt eher nicht	Stimmt nicht
10. Jeder Einzelne sollte den Behindertensport würdigen, alleine schon aus Dank dafür, daß es ihn nicht „getroffen" hat	☐	☐	☐	☐	☐
11. Ich habe engen Kontakt zu Behinderten im Beruf	☐	☐	-	☐	☐
12. Behindertensport ist unästhetisch	☐	☐	☐	☐	☐
13. Mit einem körperbehinderten Sportler über seinen Sport zu reden fällt nicht schwer	☐	☐	☐	☐	☐
14. Körperbehinderte Sportler können sich voll und ganz dem Sport widmen. Ihre finanzielle Sicherung übernimmt die Gesellschaft	☐	☐	☐	☐	☐
15. Behinderten-Leistungssport sollte abgeschafft werden	☐	☐	☐	☐	☐
16. Man sollte auf einen körperbehinderten Sportler besondere Rücksicht nehmen	☐	☐	☐	☐	☐
17. Man sollte die körperbehinderten Sportler näher kennenlernen	☐	☐	☐	☐	☐
18. Behindertensportler sind in erster Linie Behinderte und dann erst Sportler	☐	☐	☐	☐	☐
19. Ich bin noch nie mit Behindertensportlern zusammen gekommen	☐	☐	-	☐	☐
20. Es gibt viele Leute, die sich vor behinderten Sportlern ekeln	☐	☐	☐	☐	☐
21. Körperbehinderte Sportler produzieren in einem ein Angstgefühl - man fühlt sich wie „gelähmt"	☐	☐	☐	☐	☐
22. Die Behindertensportler betonen ihr Leid nicht	☐	☐	☐	☐	☐
23. Behindertensportwettbewerbe sollten unter Ausschluß der Öffentlichkeit stattfinden	☐	☐	☐	☐	☐
24. Körperbehinderte brauchen keinen Leistungssport, sie sollten besser ihre geistigen Fähigkeiten nutzen	☐	☐	☐	☐	☐
25. Am besten hilft man dem Behindertensport mit Spenden	☐	☐	☐	☐	☐
26. Ein behinderter Sportler hat neben dem Sport noch viel mehr von seinem Leben	☐	☐	☐	☐	☐
27. Ich kenne einen Behindertensportler persönlich	☐	☐	-	☐	☐

Angaben zur Person:

Alter _____ Jahre

Geschlecht: weiblich ☐   männlich ☐

Vielen Dank für Ihre Mithilfe!

✂--

Sollten Sie an den Ergebnissen dieser Untersuchung interessiert sein, so bin ich gerne bereit, Ihnen nach Auswertung der Daten (Frühjahr 1995) auf Anfrage eine Kurzfassung dieser Arbeit zukommen zu lassen. Hierzu können Sie diesen Teil mit meiner Adresse und Rufnummer abtrennen.

Oliver Kauer, Nagelsgäßchen 4, 63607 Wächtersbach, Tel.: 06053/70163

Behinderte machen Sport

Spiel und Sport für alle
Uwe Rheker
Band 1
2. Auflage, 248 S., Fotos, Broschur, 14,8 x 21 cm
ISBN 3-89124-207-7
DM 29,80/SFr 27,70/ÖS 218,-
Dieser Band ist bald auch in englischer Sprache erhältlich.

Chancen der Integration durch Sport
Volker Scheid
Band 2
232 S., zahlreiche Abb. und Tabellen, Broschur, 14, 8 x 21 cm
ISBN 3-89124-266-2
DM 29,80/SFr 27,70/ÖS 218,-

Spiele für den Herz- und Alterssport
Michael Kolb
Band 3
2. unveränderte Auflage, 264 S., Fotos und Zeichn.,Broschur, 14,8 x 21 cm
ISBN 3-89124-267-0
DM 29,80/SFr 27, 70/ÖS 218,-

Sport bei peripherer, arterieller Verschlußkrankheiten
Peter Waldhausen
Band 4
160 S., 20 Abb., 10 Zeichn. 20 Fotos, Broschur, 14,8 x 21 cm
ISBN 3-89124-309-x
DM 29,80/SFr 27, 70/ÖS 218,-

Multiple Sklerose und Sport –
Grundlagen und Handlungsperspektiven
Köppe/Dieckmann
Band 5
216 S., Grafiken, Broschur, 14,8 x 21 cm
ISBN 3-89124-339-1
DM 29,80/SFr 27, 70/ÖS 218,-

Sport als Erlebnis und Begegnung
Kapustin/Hornberger/Kuckuck
Band 6
258 S.,Grafiken, Broschur, 14,8 x 21 cm
ISBN 3-89124-338-3
DM 29,80/SFr 27, 70/ÖS 218,-

Morbus Parkinson – Ein Leben mit Bewegung
Köster/Clarenbach
Band 7
ca.200 S., 50 Fotos, 10 Abb., Broschur, 14,8 x 21 cm
ISBN 3-89124-420-7
DM 29,80/SFr 27, 70/ÖS 218,-

Morbus Parkinson – Ein Leben in Bewegung
Neuheit Herbst 1998
Das Video zum Buch
ca. 21 min.
ISBN 3-89124-521-1
DM 29,80/SFr 27, 70/ÖS 218,-

Behindertensport in den Medien
Bös/Kauer
Band 8
Neuheit Frühjahr 1998
ca. 200 S.,30 Abb.,Broschur, 14,8 x 21 cm
ISBN 3-89124-508-4
DM 29,80/SFr 27, 70/ÖS 218,-

MEYER & MEYER • DER SPORTVERLAG
Von-Coels-Str. 390 · D-52080 Aachen · Tel. 0241/95 81 00 · Fax 0241/95 81 010